藏在薪酬管理中的领导力

CANG ZAI XINCHOU GUANLI ZHONG DE LINGDAOLI

孙玉忠 编著

成都地图出版社

图书在版编目(CIP)数据

藏在薪酬管理中的领导力 / 孙玉忠编著. -- 成都 : 成都地图出版社有限公司，2023.12

ISBN 978-7-5557-2315-8

Ⅰ. ①藏… Ⅱ. ①孙… Ⅲ. ①企业管理 - 工资管理 Ⅳ. ①F272.923

中国国家版本馆CIP数据核字（2023）第228752号

藏在薪酬管理中的领导力

CANG ZAI XINCHOU GUANLI ZHONG DE LINGDAOLI

编　　著：孙玉忠
责任编辑：高　利
责任印制：缪振光
出版发行：成都地图出版社有限公司
地　　址：成都市龙泉驿区建设路2号
邮　　编：610100
电　　话：028-84884826（营销部）
印　　刷：湖北长江印务有限公司
开　　本：880mm × 1230mm　1/32
印　　张：7.5
字　　数：140千字
版　　次：2023年12月第1版
印　　次：2023年12月第1次印刷
书　　号：ISBN 978-7-5557-2315-8
定　　价：49.80元

前言
Foreword

欢迎您阅读这本名为《藏在薪酬管理中的领导力》的书籍。这本书旨在探索和揭示薪酬管理的一个独特而关键的视角，即领导力。薪酬管理作为人力资源管理的核心部分，其意义不言而喻，尤其在动态变化的商业环境中，有效的薪酬管理能为组织吸引和留住人才，进而提升组织绩效。目前，领导力作为驱动组织成功的重要力量，其在薪酬管理中的作用并未得到足够的关注。这本书将尝试弥补这一缺口，从领导力的视角出发，探讨薪酬管理的深层逻辑，以期为组织提供更具针对性和可操作性的解决方案。

本书共分为十一章，内容涵盖了薪酬管理的全方位议题。在首章中，我们将从宏观的角度阐述人力资源管理与领导力的关系，以及它们在薪酬管理中的角色；之后将深入探讨领导力在薪酬管理中的表现和影响，并揭示其背后的关键要素。随后，我们将深入剖析领导力如何驱动薪酬文化的构建；最后，我们将探讨领导力在薪酬管理中的长期视角。

在第二至第四章中，我们将从薪酬策略和薪酬体系的角度，讨论领导力如何引领和影响创新薪酬策略的制定，以及薪酬体系、职位评价和薪酬结构的设计与调整。

接下来的三章，我们将深入探讨领导力在基本薪酬设计、绩效薪酬实施以及福利薪酬规划中的影响和应用。我们将详细解读领导力如何影响基本薪酬管理，如何优化绩效薪酬设计以及如何影响福利薪酬规划。

在最后的四章中，我们将讨论领导力在年度薪酬预算、薪酬统计与个人所得税计算，以及工资表编制与薪酬发放过程中的角色。此外，我们还将重点探讨领导力在薪酬调查中的应用，包括对内外部薪酬调查的影响，以及如何利用领导力解读薪酬调查结果等方面的内容。

我们希望这本书能为您提供深刻而有价值的见解，以帮助您更好地理解领导力在薪酬管理中的重要性，从而有效地推动和优化您的薪酬管理实践。无论您是人力资源专业人员，还是希望从领导角度了解薪酬管理的管理者，都会在本书中找到有价值的信息和策略。在阅读的过程中，我们希望您不仅能够获得理论知识，更能从中找到实用的解决方案，受到有益的启发，将领导力的理念和培养领导力的方法应用到您的薪酬管理实践中。我们期待您的阅读，同时也期待您的反馈，希望我们的努力能为您的管理实践带来启发和帮助。

目录
CONTENTS

1 PART

第一章 领导力视角下的薪酬管理基础

本章将深入讨论薪酬管理在人力资源管理中的核心地位，并从领导力的视角去理解其内涵和影响。我们将揭示领导力在薪酬管理中所起的决定性作用，并从微观和宏观两个角度出发，详细讨论领导力的表现和薪酬管理的相互关系。我们还会阐述领导力的各种要素如何影响薪酬管理，并提出构建领导力驱动的薪酬文化的具体建议以及解析领导力在薪酬管理中的长期视角。总的来说，这一章将为读者提供一个全面而深入的视角，以理解领导力在薪酬管理中的重要性。

1.1 人力资源与领导力：薪酬管理的角色

我们将首先引入人力资源管理和领导力在薪酬管理中的角色，探讨领导力如何影响并优化薪酬管理，如何有效地构建一个既公正又能激励员工的薪酬体系。

1.1.1 领导力的定义与特点

1. 领导力的定义

领导力是指一个人在组织中引导、影响和激励他人实现共同目标的能力。领导力不仅体现在个人的行为和决策中，还涉及与他人的互动和合作。

2. 领导力的特点

—— 广阔的视野和战略意识：优秀的领导者具备远见和战略眼光，能够看到整体而非只关注局部，从而擅长制定和执行具有前瞻性的薪酬策略。

—— 鼓励和激励他人：领导者需要具备鼓励和激励他人的能力，通过适时的鼓励和适当的激励措施来提高员工的工作动力和绩效。

—— 沟通和协调能力：领导者需要具备良好的沟通和协调能力，能够与员工、团队和其他利益相关者进行有效的沟通和协作。

——自我激励和持续学习：领导者能自我激励和持续学习，不断提升自己的领导能力和知识水平。

1.1.2 人力资源与领导力的关系

在任何组织中，人力资源无疑是最宝贵的资产。员工的积极性、热情、技能和才智在很大程度上决定了一个组织的生产力和创新能力。作为管理这些宝贵资源的一部分，薪酬管理的任务不仅仅是简单地“支付工资”。更为深远的影响在于它是实现组织目标，塑造企业文化，增加员工满意度，从而提高员工生产力和保留人才的有效手段。

人力资源管理是一个组织内部负责招聘、培训和薪酬管理等功能的部门。他们的工作不仅仅局限于满足组织对部门的基本要求，如筛选人才和制定薪酬，而是需要在更深远的层面上实现组织目标，塑造企业文化，提高员工满意度，从而提高员工的生产力和保留优秀人才。这些工作的关键之处在于通过对人力资源的有效管理，使之成为实现组织目标的重要工具。

因此，有效的人力资源管理对组织不可或缺，而领导力在其中又起着至关重要的作用。领导者不仅是组织的决策者，也是企业价值观的代表者和企业文化的塑造者。他们通过自己的行为模式、决策习惯和管理方式，塑造了组织的薪酬策略和实践，从而对员工的行为和态度产生了深远的影响。他们的领导才能和决策风格对于激发员工的工作动力，促进团队协作，提高组织的绩效都有着至关重要的作用。

对于人力资源管理部门来说，如何挖掘和提升组织内部的领导力也是一项重要任务。这可以通过多种方式来实现，如通过招聘与选拔的方式寻找具有领导潜力的员工，通过培训与实践的方式提升员工的领导才能，以及通过建立激励机制来鼓励员工发挥其领导才能。

实际上，人力资源管理和领导力之间存在着一种互动和互相影响的关系。人力资源部门通过招聘、选拔、培训和激励等活动，塑造了组织的价值观和文化，从而对组织内部的领导力产生了影响。反之，领导者的决策和行为也对人力资源管理产生了影响，特别是在薪酬管理这一领域，领导者的决策直接影响着组织的薪酬策略和实践。这种互动和相互影响，使得人力资源管理和领导力成为了推动组织成功的两个重要因素。

总的来说，人力资源管理和领导力是组织成功的两个关键因素。人力资源部门通过有效的管理和发展人力资源，提供了组织运作所需的人力支持，同时也塑造了组织的文化和价值观。领导力则通过有效的决策和行为，激发了员工的工作积极性，促进了组织的协作和效率，从而推动了组织的成功。这两个因素相互影响，相互促进，共同为实现组织的目标和成功提供了支持。

1.1.3 薪酬管理的目标与原则

薪酬管理作为组织人力资源管理的重要组成部分，不仅关系到员工的工作积极性和满意度，而且直接影响到组织的发展和竞争力。此节旨在深入探讨薪酬管理的目标和原则。

首先，薪酬管理的目标包括建立公平和合理的薪酬体系。公平和合理的薪酬体系是提升员工满意度和减少员工流动的基石。它要求对每个员工的职责、技能和贡献做出公正的评价，并以此作为确定薪酬的依据。只有这样，员工才会感到他们的努力得到了应有的回报，从而产生更强烈的工作动力和更高的工作效率。

此外，薪酬管理还需要激励员工发挥最佳水平。这不仅需要提供足够的基本薪酬，还需要建立有效的激励机制，如绩效奖金、股权激励等。这些激励手段可以使员工看到他们努力工作和提高工作效率的直接回报，从而增强他们的工作动力。

同时，良好的薪酬管理也有助于保持和提高组织的竞争力。在全球化竞争日益激烈的今天，优秀的人才是组织保持和提高竞争力的关键。为了吸引和留住这些人才，组织需要提供与市场竞争相当甚至更高的薪酬待遇。只有这样，组织才能在人才市场上占据有利位置，从而保持和提高自身的竞争力。

薪酬管理的原则包括内部公平、外部竞争力、绩效导向和可持续发展。内部公平是指薪酬体系内部的薪酬分配应公正合理，基于员工的表现和贡献进行区分。如果员工感觉薪酬分配不公，将会士气低落，甚至离职。因此，组织需要确保内部薪酬分配的公平性，以提升员工的积极性和忠诚度。

外部竞争力是指组织的薪酬应与市场上同类岗位的薪酬水平保持一定的竞争力，以吸引和留住优秀人才。这需要组织定期进行薪酬调研，了解并适应市场上薪酬水平的变动，以确保自身薪酬水平的竞争力。

绩效导向则是说薪酬应与员工的绩效成果相关联，激励员工不断提高工作绩效。这就要求组织建立有效的绩效评估和薪酬激励体系，使得员工可以根据自己的表现获得相应的薪酬。

最后，可持续发展原则是说薪酬管理应与组织的长期发展目标相一致，注重短期平衡和长期利益。这就要求组织在制定薪酬政策时，既要考虑到当前的经济环境和市场竞争，也要考虑到组织未来的发展需要和可能面对的风险，从而为组织制定出既能满足当前需要又能适应未来变化的薪酬政策。

总的来说，合适的薪酬管理的目标与原则是组织成功的关键。一个公平、合理、具有竞争力的薪酬体系不仅能提高员工的满意度和工作效率，也能提高组织的竞争力和可持续发展能力。因此，组织应认真对待薪酬管理，根据其目标和原则来设计和实施薪酬政策，以实现组织的长期成功。

1.1.4 薪酬调整与绩效考核

在人力资源管理中，薪酬调整和绩效考核两者相辅相成，共同影响着员工的工作动力和组织的整体效能。此节旨在详细讨论这两者的目的、方式以及如何进行有效的薪酬调整与绩效考核。

薪酬调整，是组织根据员工的工作绩效、市场环境和公司的财务状况等因素，对员工薪酬水平进行有针对性的调整。其主要目的是保持薪酬的竞争力，激励员工提高工作效率，增强员工的满意度和忠诚度，以及提高员工的留存率。薪酬调整主要包括按比例加薪、绩效奖金以及晋升等方式。

按比例加薪是最常见的薪酬调整方式，通常基于年度评估或定期评估的结果。这种方式能让员工看到自己的努力得到了回报，激励他们更加积极地投入工作。绩效奖金则是基于员工的具体绩效，提供一次性的奖励，强调了绩效导向，鼓励员工优化工作表现。晋升则是一种长期的薪酬调整方式，伴随着职位提升通常配以更高的薪酬待遇，可以有效地吸引并保留优秀的员工。

绩效考核是人力资源管理中的一项核心任务，旨在评估和衡量员工的工作表现，以促进个人和组织的成长和发展。绩效考核可以提供关于员工工作表现的有价值的反馈，揭示问题，寻找解决方案，并提供改善工作效率和质量的途径。主要的绩效考核方法包括 360 度反馈和关键绩效指标（KPI）。

360 度反馈是一种广泛使用的绩效评估工具，它通过收集员工自我评价、同事评价、上司评价或下属评价等多方面的反馈，全方位地评估员工的工作表现。这种方法的优势在于它提供了一个全面而深入的了解员工绩效的机会。关键绩效指标（KPI）则是衡量员工在完成组织目标方面效果的量化指标，通过设定明确、可衡量的目标，提供了一个明确和直接的评价员工绩效的方式。

我们可以通过以下的例子来简单看一下360度反馈和关键绩效指标（KPI）的运作。

某家软件开发公司负责一个重要的项目。在项目的进行过程中，我们可以使用360度反馈和KPI来评估李明（化名）经理的工作表现。

对于360度反馈，我们首先会收集包括李明自我评价在内的多方面反馈。他的上司可能会评价他的决策能力和项目管理技能，他的同级领导可能会评价他的团队协作能力和沟通技巧，他的下属可能会评价他的领导力和对项目实施工作的明确指导。通过这样的全方位反馈，我们可以全面而深入地了解李明在项目管理中的表现。

对于关键绩效指标（KPI），我们可以设定一些明确、可度量的目标。例如，我们可能会设定李明在项目完成时，必须满足的一些条件，如：项目必须在规定的时间内完成，预算必须控制在规定范围内，项目产出的软件产品必须达到一定的质量标准等。在项目结束后，我们可以通过比较实际结果和设定的KPI来评估李明的工作表现。如果他成功地达成了所有的 KPI，那么他的绩效就可以被评为优秀。

通过这两种方法，我们不仅可以全面地了解员工的工作表现，还可以鼓励员工按照设定的目标去工作，从而提高工作效率和质量。

薪酬调整与绩效考核两者之间的关系密切。薪酬调整应基于绩效考核的结果进行，这样可以确保薪酬的公平性，同时也能有效地激励员工优化工作表现。优秀的员工应该得到更多的奖励，表现不佳的员工也应该给予他们提升自己的机会。同时，薪酬调整和绩效考核需要相互协调，以保证公平性和激励性，为员工提供持续的动力和支持。

在进行薪酬调整和绩效考核时，人力资源部门需要考虑到各种因素，包括员工的工作表现、市场环境、组织的财务状况等。并且，应该有一个公平、透明、可理解的薪酬和绩效考核体系，这样才能增强员工的信任感，提升员工的满意度和忠诚度，最终推动组织的成功和发展。

总的来说，薪酬调整和绩效考核是人力资源管理的重要组成部分。正确地执行这两项任务，可以有效地激励员工提高工作效率，进一步推动组织的发展。

1.1.5 薪酬管理的挑战与应对策略

良好的薪酬管理可以激发员工的工作积极性，提高工作效率，从而推动组织的成功和发展。然而，组织在进行薪酬管理时，往往面临着许多挑战。在此节，我们将详细介绍薪酬管理的主要挑战以及相应的应对策略。

首先，公平与激励的平衡是薪酬管理面临的一个重要挑战。员工对薪酬的满意度往往与他们对薪酬公平性的感知直接相关。同时，薪酬是激励员工优化工作表现的重要手段。因此，如何在公平和激励之间取得平衡，是薪酬管理的一大难题。应对这个挑战的策略可以包括：建立公开透明的薪酬制度，确保薪酬分配公正可信；提供绩效奖励和福利待遇，激励员工积极参与和贡献；加强沟通和解释，使员工理解薪酬体系的原则和机制。这样，既能确保公平性，又能保持激励效果。

其次，薪酬管理的可持续发展是另一个挑战。在日常管理中，组织可能会过度依赖短期奖励和激励手段，如绩效奖金、销售提成等，而忽视了员工的长期发展和福利。这种做法可能会导致员工过度关注短期绩效，而忽视了个人和组织长期的发展。因此，薪酬管理需要与组织的可持续发展目标相一致。应对这个挑战的策略可以包括：关注员工福利，提供发展机会，建立良好的工作环境和文化，使员工在长期发展中能够获得满足和成长。这样，不仅可以提高员工的满意度和忠诚度，也有利于组织的长期发展。

再者，全球化也给薪酬管理带来了多元化和跨文化的挑战。在全球化的背景下，组织往往需要在不同的国家和地区开展业务，而不同的国家和地区存在着不同的文化背景、法律法规和薪酬习惯。因此，如何在全球范围内实现公平性、竞争性、合规性和合理性的薪酬管理，是组织面临的一大挑战。应对这个挑战的策略可以包括：了解不同国家和地区的薪酬差异，制定灵活的薪酬策略，充分考虑当地法律和文化要求。这样，既能保证薪酬的公平性和竞争性，也能确保薪酬管理的合规性和合理性。

总的来说，薪酬管理是一个复杂而重要的任务，面临着诸多挑战。然而，只要我们能够充分了解这些挑战，并采取适当的策略，就可以有效地应对这些挑战，实现公平、具有激励性和可持续性的薪酬管理，从而推动组织的成功和发展。在未来，随着社会经济环境的不断变化，薪酬管理可能会面临新的挑战，我们需要持续关注并调整我们的薪酬管理策略，以适应那些变化。

1.1.6 薪酬管理水平的评估与提升

薪酬管理在组织中扮演着至关重要的角色。它不仅影响着员工的满意度和绩效改善，还直接关系到薪酬公平性的实现。因此，评估和提升薪酬管理水平是组织持续发展的关键一环。本节将探讨薪酬管理水平的评估指标和方法，以及提升策略和步骤，以提供指导和参考。

1. 薪酬管理水平评估的指标

要评估薪酬管理水平，我们可以考虑以下指标：员工满意度、绩效数据。

首先，员工满意度是衡量薪酬管理水平的重要指标之一。

通过问卷调查或面谈，可以了解员工对薪酬管理水平的满意程度以及认可程度。员工满意度、认可度的提高可以促进员工的工作动力和忠诚度，从而提升组织的薪酬管理水平。

其次，绩效数据是另一个关键的评估指标。薪酬管理水平应该与员工的绩效紧密结合。通过比较不同时间段的绩效数据，可以评估薪酬管理水平对员工绩效的影响，并确定改进的空间。

2. 评估方法

为了评估薪酬管理的水平，我们可以采用多种方法。

首先，问卷调查或面谈等是收集员工意见和反馈的常用工具。通过设计合理的问卷或面谈等，组织可以了解员工对薪酬管理的看法和建议，发现问题和创造改进的机会。

其次，绩效数据分析也是一种重要的评估方法。通过分析绩效数据，可以评估薪酬管理水平与绩效之间的关联性，了解薪酬管理水平对员工绩效的影响。

3. 薪酬管理水平提升的策略

在评估薪酬管理水平的基础上，组织可以采取以下策略来提升薪酬管理水平：

首先，建立灵活的薪酬体系。薪酬体系应该与组织的发展战略和员工的需求保持一致，并能够适应外部环境的变化。灵活的薪酬体系可以帮助组织更好地吸引、激励和留住人才。

其次，加强绩效管理是提升薪酬管理水平的关键一步。确保绩效评估的准确性和公正性对于建立有效的薪酬管理体系至关重要。组织可以通过明确的绩效标准和评估流程来提高绩效评估的准确性，并确保评估过程的公正性，以提升薪酬管理水平。

此外，改进激励和奖励制度也是提升薪酬管理水平的重要策略。组织可以根据员工的绩效表现和贡献程度，设计差异化的奖励机制，以激发员工的工作动力和积极性。此外，及时的反馈和认可也是激励员工的重要手段。

4. 改进步骤

要实现薪酬管理水平的提升，可以遵循以下步骤：

首先，进行需求分析。了解员工的期望和需求是提升薪酬管理水平的基础。通过调研和沟通，组织可以收集员工的需求，确定改进的方向和重点。

其次，制定改进计划。根据评估结果，制定具体的改进措施和时间表。这些措施可以包括调整薪酬结构、优化激励机制、改进绩效评估流程等。

最后，逐步实施调整。提升薪酬管理水平是一个渐进的过程，组织可以先在某个部门或团队进行试点，然后逐步推行和推广改进方案。在实施过程中，及时收集反馈意见，并进行相应的调整和优化。

5. 实施薪酬管理水平提升的监控机制

为了确保薪酬管理水平提升的效果，组织需要建立有效的监控机制。这包括定期评估提升效果、监测指标的变化与员工保持沟通三个方面。

定期评估提升效果是监控薪酬管理水平提升的重要手段。通过比较改进前后的员工满意度、绩效变化数据等指标，可以评估提升措施的有效性和可持续性，并进行相应的调整。

同时，监测指标的变化也是评估薪酬管理水平提升的重要途径。组织可以跟踪关键指标的变化趋势，如员工流失率、员工的绩效水平与薪酬差异等，以便及时发现问题并采取纠正措施。

此外，与员工保持沟通也是实施薪酬管理水平提升的关键。领导者应该告知员工提升的目标和措施，并给予他们机会提出意见和建议；适时举行沟通会议，了解员工满意度和反馈意见。这些可以帮助组织了解员工的感受和需求，并根据沟通所得进行调整和提升。

薪酬管理水平的评估与提升是组织发展的重要环节。通过评估员工满意度、绩效数据等指标，组织可以总结问题和制定提升的方法。建立灵活的薪酬体系、加强绩效管理和改进激励制度是提升薪酬管理绩效的关键策略。通过分析需求、制定提升计划和逐步实施调整的步骤，组织可以有效地提升薪酬管理。同时，建立监控机制、定期评估提升效果，并与员工保持沟通，可以确保薪酬管理的持续提升和优化。

综上所述，评估和提升薪酬管理水平是组织建立有效的薪酬体系和提升绩效的关键一环。通过综合运用不同的评估指标、方法和策略，组织可以不断优化薪酬管理水平，提升员工满意度和绩效水平，从而实现组织的长期发展目标。

1.2 揭示薪酬管理中的领导力要素

在了解了人力资源和领导力在薪酬管理中的角色后，此节，我们将分析领导力在薪酬管理中的关系和影响，我们将揭示薪酬管理中具体的领导力要素。

1.2.1 薪酬管理中的领导力要素

薪酬管理中的领导力要素不可忽视。领导者的角色在决定薪酬结构和政策方面尤为重要。

1. 领导力在薪酬决策中的角色

领导者在确定和分配薪酬时扮演着关键的角色。他们不仅需要理解员工的需要和期望，还需要根据企业的财务状况和市场竞争状况来制定合理的薪酬策略。

领导者通过设计薪酬策略来影响员工的行为和工作表现。有效的薪酬管理策略可以激励员工，提高他们的工作效率和对公司的忠诚度。

2. 领导力与员工的薪酬公平感的关系

领导者的决策和行为直接影响员工的薪酬公平感。领导者的公正和透明可以增加员工对薪酬决策的接受度，并提高他们的满意度和工作效率。

总的来说，领导力是薪酬管理中的重要因素，领导者的决策和行为不仅能影响员工对薪酬管理的满意度和工作效率，也能决定企业的竞争力和持续性发展。

1.2.2 领导力在薪酬管理中的影响

领导力在薪酬管理中有重要作用，其中最显著的一点是在制定薪酬策略上。领导者必须能确保薪酬管理的目标与公司整体战略的一致，此外，他们还需要具备预见性和洞察力，以满足员工的需求和期望。

领导者通过制定薪酬激励方案，激发员工的积极性和创造性。好的领导者可以将员工的工作表现和薪酬奖励相结合，以提高员工的工作满意度和生产力。

领导者在薪酬管理中还需保持公正公平。他们应保证公平分配薪酬，避免对员工的偏袒或歧视。公平的薪酬标准和评价系统对于维持良好的团队气氛至关重要。

领导者的洞察力是指他们对公司整体情况和员工需求的敏锐的觉察能力。在制定薪酬策略时，领导者需要考虑到与公司有关的时政状况和行业标准，同时也要了解员工的期望和价值观。通过深入了解公司和员工的状况，领导者能够制定出符合实际情况的薪酬策略，从而更好地激励和留住人才。

优秀的领导者应掌握良好的激励技巧，能够理解并满足员工的不同需求。在薪酬管理中，领导者可以通过设计激励方案来激发员工的工作动力和提升其对工作的投入度。这些激励方案可以包括绩效奖金、晋升机会、股权激励等。关键是要确保薪酬激励与员工的绩效和贡献相匹配，并且能够体现公平和公正，以提高员工的工作满意度和生产力。

公正公平是领导者在薪酬管理中应该坚持的核心原则。领导者需要建立一个公平的薪酬标准和评价体系，确保每个员工根据其工作表现获得公正的报酬。这意味着领导者需要考虑到员工的工作职责、贡献度、绩效评估和市场薪酬水平等因素，确保薪酬决策的透明性和合理性。领导者通过建立公正公平的薪酬管理机制，能够增强员工对组织的信任和归属感，进而提高员工的士气和优化员工的工作表现。

总之，领导者在薪酬管理中需要具备洞察力、激励技巧和公正性，需要全面了解公司和员工的情况，并通过合理的薪酬策略和激励方案来激发员工的工作动力和提升满意度。同时，领导者还应确保薪酬决策的公平性，为员工提供公正的报酬，以建立信任和留住人才。

1.2.3 薪酬管理中的领导力实践

1. 培训和教育的角色

通过培训和教育，公司可以提升领导者在薪酬管理中的能力。这些培训可能包括薪酬管理知识、领导力技巧以及案例分析等内容。

2. 对领导者的薪酬奖励和激励机制

对领导者实行薪酬奖励和激励机制可以激发他们在薪酬管理中的表现。奖励和激励可能包括提升薪酬、提供晋升机会、表彰和给予福利等方式，这些可以鼓励领导者更加积极地参与薪酬管理工作。

1.2.4 薪酬管理中领导力发展的挑战与解决方案

领导力发展也会面临一些挑战，如如何确保领导力发展的连贯性和如何将领导力发展与薪酬管理策略相结合。对于这些挑战，企业需要制定相应的策略，例如制定详细的领导力发展计划和结合薪酬管理的具体情况来进行领导力发展等。

1. 领导者的抉择和权衡

领导者在薪酬管理中往往面临许多抉择和权衡，例如如何在组织的经济能力和员工的期望之间找到平衡。解决这些问题的关键在于领导者需要有清晰的价值观和决策原则，以公正合理地处理各种情况。

2. 领导者的决策和与员工的沟通

薪酬管理中需要领导者做出重要决策，并需要其与员工进行有效沟通。他们需要清晰地解释薪酬策略的理由和目标，以获得员工的理解和支持。同时，领导者需要倾听员工的反馈，并根据反馈调整薪酬管理策略。

3. 领导者的变革和创新能力

领导者需要具备变革和创新能力，以应对薪酬管理中的挑战和变化。他们应保持对环境的敏锐洞察，并及时调整薪酬策略和激励方案，以适应组织和市场的变化。

1.2.5 领导力发展对薪酬管理的重要性

1. 领导力发展的意义和价值

领导力发展对薪酬管理至关重要。通过领导力发展，可以提高领导者在薪酬管理中的能力，从而更有效地管理和激励员工。此外，领导力的发展还能提高组织的竞争力，为企业创造更多的价值。

2. 领导力发展的方法

a. 外部培训和教育计划

公司可以组织领导力培训和教育计划，以提升领导者的知识和技能。这些培训可以包括薪酬管理的有效实践、员工激励策略等方面的内容。培训可以通过外部专家或专业培训机构进行。通过培训，领导者可以学习最新的薪酬管理趋势和策略，从而更好地应用于实践中。

b. 内部指导和辅导

公司可以为领导者提供个别指导和辅导，以帮助他们发展领导力和薪酬管理技能。这可以通过一对一的指导会议、导师制度或课件分享来实现。在指导和辅导过程中，领导者可以分享自己的经历和经验，适时反馈和提问，以此获得专业指导以提升自己的领导力和改进自己的薪酬管理实践。

c. 实践和项目经验

领导力发展最好的方式之一是通过实践和项目经验。公司可以给予领导者更多的机会参与与薪酬管理相关的项目和任务，例如制定薪酬策略、设计激励方案、参与薪酬调整和绩效评估等。通过实际的项目经验，领导者能够应用所学知识，面对挑战，并从中学习和成长。

d. 跨公司合作和交流

公司可以鼓励领导者与其他公司和团队进行合作和交流。这种跨公司合作可以帮助领导者了解不同领域的薪酬管理实践，并从其他公司的经验中汲取灵感和教训。通过与其他领导者和专业人士的交流，领导者可以扩展自己的视野，拓宽思维，并从中获取新的思路和方法。

e. 自我反思和学习

领导者应该积极进行自我反思和学习。可以通过阅读专业书籍、研究案例、参加研讨会和行业活动等方式来不断学习和更新自己的知识。同时，领导者还可以定期进行自我评估，反思自己的领导风格和薪酬管理实践，并寻找改进的机会。

综上所述，领导力发展可以通过培训、指导和实践等多种方式来实现。这些方法可以帮助领导者丰富自身的薪酬管理知识和提升领导技能，从而更好地应对薪酬管理挑战。在公司实践中，可以结合这些方法，根据具体情况和需求，制定合适的领导力发展计划和薪酬管理策略。

1.3 领导力驱动的薪酬文化构建

在理解了薪酬管理中的领导力的关键要素后，我们将详细介绍如何在企业中建设以领导力驱动的薪酬文化。这种薪酬文化将在下一章节，即领导力引领下的创新薪酬策略制定中起到关键的引导作用。这是一个连贯的过程，从了解领导力与薪酬管理的关系，揭示其核心要素，到构建以领导力为驱动力的薪酬文化，最终将这一理念落实到薪酬策略制定中。

1.3.1 领导力驱动的薪酬文化构建的重要性

领导力在组织中扮演着关键的角色，对薪酬文化的构建具有重要影响。本节将探讨领导力对薪酬文化的影响、构建领导力驱动的薪酬文化的优势。

1. 领导力对于薪酬文化的影响

领导者通过明确的目标设定和有效的沟通，能够塑造并传达一种积极的薪酬文化。他们的行为和态度可以影响员工对薪酬制度的理解和接受程度，进而对员工的工作动力和绩效产生影响。有效的领导力能够建立透明、公正和具有激励性的薪酬文化，使员工能够理解薪酬制度的目的和价值，并对其产生信任和认同。

2. 构建领导力驱动的薪酬文化的优势

a. 激发员工动力

有效的领导力能够通过薪酬文化激励员工积极努力工作，增强员工的工作动力和归属感。当员工清楚地了解他们的工作与绩效之间的关系，并且认可薪酬制度的公正性和透明度时，他们将更有动力去追求卓越并助力组织取得成功。

b. 提高组织绩效

领导力驱动的薪酬文化能够帮助组织实现更高的绩效。通过激励和奖励机制，领导者能够推动员工追求卓越并取得更好的成果。良好的薪酬文化能够激发员工的积极性和创造力，从而推动整个组织的绩效提升。此外，领导者的行为和态度也对员工的绩效产生重要影响。当领导者展现出激励和支持的行为，员工更有动力去追求卓越并实现个人和组织的目标。

c. 增加员工满意度和忠诚度

良好的薪酬文化能够提升员工的满意度和忠诚度。当员工感受到公正和激励的薪酬制度时，他们更有可能对组织保持忠诚，并为组织的长期发展做出贡献。高度满意的员工也更有可能留在组织内部，降低员工流失率。

总之，领导力驱动的薪酬文化对于组织的成功和绩效提升至关重要。通过领导者的明确目标设定和有效沟通，组织可以构建一种积极的薪酬文化，激发员工的动力、提高组织的绩效，并增强员工的满意度和忠诚度。为了构建领导力驱动的薪酬文化，组织需要重视领导力的发展和培养，并确保薪酬制度与领导力发展相互协调和支持。只有通过有效的领导力和薪酬文化的结合，组织才能在激励员工、提升绩效和取得成功的道路上迈出坚实的步伐。

1.3.2 领导力驱动的薪酬文化构建的核心要素

在当今快速变化的商业环境中，领导力对于推动组织目标的实现和提升员工绩效发挥着关键作用。同时，薪酬文化，作为组织文化的一个重要部分，也在激励员工提高工作绩效，保持职业满意度方面起着关键作用。领导力驱动的薪酬文化是指领导者通过自身的行为和决策，塑造和推动一种以领导力为核心，以公平、有激励性为导向的薪酬文化。其重要性在于它不仅可以帮助组织吸引和保留优秀人才，还可以激励员工更好地发挥潜力，进一步提升组织绩效。

为了构建有效的领导力驱动的薪酬文化，组织需要考虑多种要素，其中最核心的包括透明度、公正性、目标与绩效导向以及激励与奖励机制。透明度是指组织在薪酬决策中的开放性和可见性，包括薪酬结构、薪酬标准、薪酬分配的依据等。在领导力驱动的薪酬文化中，领导者需要通过提高薪酬决策的透明度，使员工了解其工作表现如何影响其薪酬，从而提高员工的工作动力。公正性则涉及薪酬决策的公平性和合理性，包括内部公正性（即同一组织内不同员工的薪酬差异是否合理）和外部公正性（即组织的薪酬水平与市场水平的比较）。

目标设定与绩效导向是领导力驱动的薪酬文化的另一关键要素。这意味着组织的薪酬制度应与其战略目标和业务目标保持一致，将薪酬与员工的工作绩效直接挂钩。通过明确的目标设定和绩效导向，员工可以明确了解其工作表现如何影响其薪酬，从而提高工作动力。组织设立了明确的绩效指标后，可量化评估员工的工作表现，保证薪酬决策的公正性和有效性。

激励与奖励机制也是领导力驱动的薪酬文化的要素之一。有效的激励与奖励机制可以激发员工的积极性和创新性，鼓励他们达到或超越设定的目标。激励与奖励可以包括金钱奖励，如奖金、提成、股票期权等，也可以包括非金钱奖励，如晋升机会、培训和发展机会等。

总的来说，构建领导力驱动的薪酬文化是一项复杂而重要的任务。领导者需要结合组织的战略目标和业务需求，考虑员工的需求和期望，以及市场的薪酬标准和趋势，综合运用透明度、公正性、目标与绩效导向以及激励与奖励机制，来设计和实施有效的薪酬制度。只有在领导力的引导下，才能构建一种能够激励员工提升工作绩效，推动组织实现其目标的薪酬文化。

1.3.3 领导力驱动的薪酬文化构建的策略

组织应该重视领导力培养与发展，确保领导者具备优秀的领导能力和大局意识。培训、导师制度和领导力评估可以帮助领导者提升自己的领导力水平，进而推动薪酬文化的构建。

激励与奖励设计应该考虑到员工的个体差异和激励需求，通过个性化的激励方案激发员工的工作动力。同时，奖励制度应该建立在公正和透明的基础上，确保奖励的公平性。

绩效管理与反馈管理是领导力驱动的薪酬文化的关键环节，包括目标设定、绩效评估和反馈等。领导者应该与员工定期进行绩效评估和反馈，帮助员工了解自己的表现，并提供必要的支持和发展机会。

1.3.4 领导力驱动的薪酬文化构建的关键挑战

在企业管理中，构建一个以领导力驱动的薪酬文化是一项关键任务，它有助于提升员工的工作热情，引导他们向着共同的目标努力，从而推动企业的整体发展。然而，建立这样的文化并不容易，领导者们需要面对并克服一系列挑战。

首先，培养和发展有能力的领导者是一项艰巨的任务。领导者在塑造组织文化、设定目标和推动业务发展方面起着决定性的作用。因此，如何培养出具有战略眼光、决策力、领导力和执行力的领导者，是组织面临的一大挑战。这需要组织对领导者进行持续的领导力培训，制定合理的激励机制，以促进他们的成长。同时，还需要建立有效的评估机制，以评估领导者的表现和成果，为他们的进一步发展提供反馈。

其次，设定和管理绩效目标是构建领导力驱动的薪酬文化的另一个挑战。绩效目标应该是清晰、具有可衡量性和可实现性的，并且与组织的整体战略和目标相一致。然而，设定这样的目标并不容易，需要领导者有足够的知识和技能，以理解业务需求、员工能力和市场环境，从而制定出合适的目标。此外，管理绩效目标也是一个挑战，领导者需要定期监控和评估员工的绩效，提供反馈和指导，以确保目标的达成。

最后，确保奖励制度的公正性和进行有效的效果评估是建立领导力驱动的薪酬文化的另一个重要挑战。奖励制度应该是能公平地对待所有员工，反映出他们的努力和贡献，并激发他们的工作热情的。同时，组织需要定期进行奖励制度的效果评估，以确保其有效性和适应性。如果奖励制度不能达到预期的效果，如提升员工的工作绩效或提高员工满意度，组织需要及时进行调整和改进。

总的来说，构建领导力驱动的薪酬文化是一项充满挑战的任务，需要领导者具有清晰的战略眼光、有效的决策力、出色的领导力和灵活的执行力。然而，只有面对并克服这些挑战，组织才能建立起一种积极、公正、合理的薪酬文化，从而激发员工的潜力，推动组织的发展。对于未来，领导者需要不断学习和创新，以应对变化的环境和需求，更好地构建和发展领导力驱动的薪酬文化。

1.3.5 领导力驱动的薪酬文化构建的最佳实践

公司A是一家大型科技公司，以其创新性和高效率而闻名。在薪酬文化的构建上，公司A非常重视透明性和公正性。他们不仅公开了薪酬计算的公式，还为每位员工提供了详细的薪酬报告，让员工能够清楚地看到自己的职责与其薪酬、绩效和市场价值之间的关系。

公司A还将薪酬与绩效直接挂钩，设定了明确的业绩指标。这些指标不仅涵盖了短期的销售或生产目标，还包括了长期的学习和创新目标。此外，公司A还提供了多元化的激励和奖励机制，包括股票期权、教育补贴、健康福利等，以满足员工不同的需求和偏好。

公司A非常注重领导力的培养和发展。他们设立了一套完整的领导力发展计划，包括内部培训、导师制度和360度反馈等。通过这些方式，公司A的领导者不仅提升了自己的领导力，也推动了薪酬文化的建设和发展。

公司B在薪酬文化构建中注重公正和透明，建立了有效的激励和奖励机制。他们通过定期的绩效评估和反馈，帮助员工了解自己的表现，并提供个性化的支持和发展机会。公司B还重视员工参与和沟通，通过开放的沟通渠道建立了良好的薪酬文化，并有效地传递了薪酬政策和理念。

公司B是一家知名的零售企业，他们在构建领导力驱动的薪酬文化方面也有独特的实践。他们深知每个员工都有其独特的需求和期望，所以他们设计了一套个性化的激励方案。

这套方案旨在满足员工的个体需求，如通过提供灵活的工作时间、培训机会、健康福利等不同形式的奖励，以激发员工的工作动力。

在绩效管理方面，公司 B 采取了定期的绩效评估和反馈机制。领导者会定期与员工进行一对一的会议，讨论他们的表现、给出反馈，并提供必要的支持和发展机会。这不仅帮助员工了解自己的优势和需要改进的地方，也提供了一个平台让他们表达自己的需求和建议。

让员工在公司的决策过程中发表意见，通过定期的员工满意度调查和开放论坛，听取员工的想法和反馈。这种透明的沟通机制让员工感到他们是公司重要的一部分，也让他们了解他们的声音会被重视。

公司 B 还注重公正性，在薪酬决策中，不仅考虑员工的绩效在内部的公平性，还考虑同职位在市场上的薪酬情况。他们有一个由高级管理人员组成的薪酬委员会，这个委员会定期审查和更新薪酬政策，以确保薪酬结构的公正性和竞争力。

在领导力培养方面，公司 B 设立了领导力发展项目，为有潜力的员工提供职业发展机会。这些项目包括内部导师计划、领导力训练营和高级领导力发展计划等。这些项目不仅为员工提供了专业的领导力培训，还使他们有机会与公司的高级领导者直接交流，从而学习和吸收他们的经验和知识。

总结起来，公司 A 和公司 B 都以领导力为驱动力，建立了一套公正、透明、以绩效为导向的薪酬制度，同时也注重员工的个性化需求和发展。他们的成功经验为其他企业建立领导力驱动的薪酬文化提供了有力的参考。

1.3.6 领导力驱动的薪酬文化构建的总结与展望

领导力驱动的薪酬文化对组织的成功具有重要意义。通过建立透明、公正的薪酬制度，设定明确的目标，并提供激励和奖励机制，领导力驱动的薪酬文化能够激发员工的工作动力和创造力，提高组织的绩效水平。

在未来，领导力驱动的薪酬文化将继续发展和完善。组织需要不断关注领导力的培养和发展，以适应不断变化的市场和员工需求。同时，组织应该持续优化薪酬制度，以确保其公正和透明，以及让其与员工的表现和贡献紧密关联。通过这些努力，领导力驱动的薪酬文化将为组织创造长期的竞争优势和成功。

1.4 领导力在薪酬管理中的长期视角：深度解析

1.4.1 为何要探讨领导力在薪酬管理中的长期视角

在现今复杂多变的商业环境中，短视和即时的结果导向可能会损害企业的长期利益。薪酬管理在这样的背景下更显得复杂。传统的、短期内的KPI考核往往忽视了员工为企业的长期成功所做的贡献。这正是为何领导力在薪酬管理中的长期视角至关重要。

华为，这家技术巨头就为我们提供了一个绝佳的例子。虽然它以高薪著称，但真正吸引员工的不仅是待遇，更多的是其长期的职业发展和学习机会。华为的领导者们认识到了这一点，他们不仅提供了具有竞争力的薪酬，还为员工打造了一个持续学习和成长的环境。而这一切，都始于领导层对长期视角的坚守。

其薪酬管理和人才培养方面的策略为众多企业所效仿，背后所体现的长期领导力视角堪称教科书级的范例，具体如下：

1. 薪酬之外的吸引力

虽然华为以其高薪而广受称赞，但细心观察，你会发现真正使其与众不同、吸引全球顶尖人才的，还包括那些非财务性的福利和机会。例如，华为为其员工提供餐厅、咖啡厅、图书馆、哺乳室和多样化的健身器材等，这些都是其对员工福利深思熟虑的结果。这些看似微小的福利在日常工作中逐渐累积，为员工创造了一个宾至如归的工作环境，使他们能够更加专注于工作。

2. 长期职业发展与学习机会

除了上述福利，华为更重视员工的职业发展。它鼓励员工跨部门、跨领域工作，为他们提供了广阔的发展空间。同时，华为还经常开展丰富多彩的团队活动，如家庭日、工程日文化节，达人秀等。此外，华为还鼓励员工成立各类文体协会，如舞蹈协会、摄影协会、跑步协会等，提供条件让他们发展自己感兴趣的项目。这些不仅增添了员工的乐趣也为公司增添了活力。

3. 领导层的长期视角

最核心的，华为的领导者们在薪酬管理中展现出的长期视角为整个公司铸就了一种独特的文化。他们深知，真正的竞争力不仅仅是现今的高薪，而是如何在未来的 5 年、10 年甚至更长时间里，持续为员工提供有价值的机会和挑战。这样的长期视角使得华为能够在竞争激烈的技术行业中，持续吸引并留住全球最顶尖的人才。

这样的策略和文化也为华为带来了回报。员工的满意度和忠诚度始终保持在很高的水平，这也为其创新和发展提供了源源不断的动力。在此，华为为所有企业提供了一个宝贵的经验：真正的领导力并不是短视的追求即时的回报，而是放眼未来，为员工和公司都创造长远的价值。

1.4.2 领导力的优势

有效的领导者可以预见市场的变革，他们可以确保薪酬体系在瞬息万变的环境中始终与公司的长期目标保持一致。特斯拉的埃隆·马斯克为我们提供了另一个鲜活的例子。在汽车行业竞争日益激烈的情况下，他不仅将重心放在了创新技术上，还确保公司的薪酬结构能够反映这一战略方向。因此，特斯拉实施了与其长期成果紧密相关的股票激励计划，从而确保员工和公司的目标一致。

特斯拉的成就绝不仅仅是短暂的火花，其背后的长期策略和领导力无疑为整个汽车行业提供了范例。埃隆·马斯克，这位具有远见的领导者，带领特斯拉走在了持续创新和突破的前沿。

1. 预见市场变革并调整薪酬策略

有效的领导者需要能够准确地预见到市场的趋势和变革，这正是马斯克所展现出来的。面对电动车市场的日益增长和传统汽车制造商的竞争，他清晰地认识到，仅仅依靠技术创新是不够的。为了确保公司的持续领先，他深知需要构建一个薪酬体系，以此反映并支持公司的战略目标。

2. 股票激励：长期目标与短期行动的桥梁

特斯拉的股票激励计划就是一个明显的例子。马斯克确保这一计划与公司的长期战略方向紧密相连，从而激励员工不仅关注即时的工作成果，也为公司的长远发展而努力。这一策略不仅反映了他对于创新的重视，更是对员工贡献的认可。

3. 吸引与留住顶尖人才

这种与长期业绩挂钩的薪酬策略对于特斯拉来说，有着双重效益。首先，它吸引了大量的顶尖人才，他们被这种有机会与公司一同成长和分享成功果实的模式所吸引。其次，这种薪酬结构也提升了员工的忠诚度和工作投入度。这意味着特斯拉能够在高度竞争的行业中稳定地维持自己的团队，并持续推出创新产品。

4. 持续领先的关键

在汽车行业，快速的技术变革和市场竞争意味着每家公司都必须时刻保持敏锐。特斯拉，凭借其独特的薪酬策略和明确的战略方向，成功地确保了自己在这场竞赛中的领先地位。这也为其他企业提供了一个范例：领导力和长期的薪酬策略是推动公司向前的关键因素。

此外，这种长期的薪酬策略不仅吸引了顶尖人才，还鼓励他们为公司做出长期投入，从而确保特斯拉在行业中保持领先地位。

1.4.3 面临的问题

尽管领导力能够为薪酬管理带来诸多优势，但也存在诸多挑战。例如，如何确保员工对长期的奖励机制有足够的信心，尤其在经济低迷或公司业绩不佳的时候?

诺基亚，曾经的手机巨头，在市场变革面前，由于短视的策略导致了自身地位的迅速下滑。在这样的背景下，员工对公司的长期薪酬策略失去了信心，导致了人才流失，这又进一步加剧了公司的危机。

1.4.4 案例解析：一家因薪酬管理不佳而导致失败的企业

一个真实的案例发生在一家知名的零售企业中。这家企业薪酬结构非常吸引人，但仅限于高级管理层。这导致了基层员工的薪酬被严重压缩，进而导致了员工士气的低落和高离职率。

造成这个状况的原因有企业忽视了薪酬管理中的公平性和透明性。领导层过于关注短期的业绩目标，而忽视了员工的长期满意度和忠诚度。

1.4.5 解决方案

针对上述问题，企业需要重新审视其薪酬策略，并确保它与公司的长期目标和员工的期望保持一致。必要时可引入第三方的人力资源专家进行评估和建议，让他们与员工进行更多的沟通，了解他们的真实需求和期望。

总的来说，领导力在薪酬管理中的长期视角是确保企业持续竞争力的关键。企业需要确保薪酬策略既能满足当前的业务需求，又能适应未来的市场变革。

2 PART

第二章

领导力引领下的创新薪酬策略的制定

本章专注于分析领导力在制定创新薪酬策略中的关键作用。首先，我们将讨论如何通过领导力来决策创新的薪酬策略，以便在当前的竞争环境中取得竞争优势。接着，我们将阐述创新薪酬策略如何与企业策略进行有效连接，以支持企业的整体目标和策略。之后，我们将详细分析领导力在执行创新薪酬策略中的重要作用。最后，我们将讨论领导力视角下的创新薪酬策略面临的挑战及解决方法。

2.1 领导力引导下的创新薪酬策略

此节我们将深入讨论如何通过领导力来决策创新的薪酬策略。这将为我们探讨创新薪酬策略与企业战略的领导力连接提供前瞻性的视角。

2.1.1 创新薪酬策略的定义与目标

1. 创新薪酬策略的定义

创新薪酬策略是指企业为了吸引、激励和保留人才而制定的关于薪酬管理的长期计划和策略。创新薪酬策略包括薪资、福利、奖金、股权激励等各种形式的报酬，并且与企业策略紧密相连。

2. 创新薪酬策略的目标

创新薪酬策略的目标是确保薪酬政策与企业战略一致，并达到以下目标：

—— 吸引和留住优秀人才。

—— 激励员工持续提高绩效。

—— 保持内部公平和外部竞争力。

—— 节约成本和提高利润。

—— 建立良好的企业文化和员工关系。

2.1.2 创新薪酬策略的重要性

在现代组织管理中，创新薪酬策略的重要性日益凸显。创新薪酬策略对组织绩效有着深远的影响，并且创新薪酬策略具有独特的优势。

首先，创新薪酬策略可以直接影响组织的绩效。通过设计创新薪酬策略，可以激励员工更加积极地工作，优化其工作表现和工作质量，从而提高组织的整体绩效水平。创新的薪酬策略可以增强员工的工作动力和职业满意度，促进员工的创造力和创新能力的释放，为组织的发展带来更多的机会和竞争优势。

其次，创新薪酬战略具有灵活性和适应性。随着不断变化的市场环境和员工需求，传统的薪酬模式已经不再适应现代组织的需求。创新薪酬战略可以根据不同组织的特点和员工的需求进行个性化的设计和调整，提供更加灵活和多样化的激励方式，以满足不同员工的需求，增强员工的参与感和归属感。

2.1.3 制定创新薪酬策略中的领导力决策

在制定创新薪酬策略的过程中，领导力的发挥至关重要。领导者在这个过程中扮演着决策者和指导者的角色，影响着创新薪酬策略的制定。

首先，领导者在创新薪酬策略的制定过程中起到了重要的指导作用。他们需要明确组织的目标和战略定位，充分了解组织的需求和员工的期望，以便制定出符合实际情况的薪酬策略。同时，领导者还需要积极参与和支持团队的工作，鼓励员工提出创新的薪酬方案，并为其提供必要的资源和支持。

其次，领导者需要充分了解员工的需求和偏好，以便制定出能够激发员工动力的薪酬方案。此外，领导者还需要考虑外部市场的薪酬水平和竞争对手的做法，以保持组织的竞争力。

2.1.4 制定创新薪酬策略的原则

在制定创新薪酬策略时，领导者还需要遵循一些原则。首先，创新薪酬策略应该公正合理，避免产生内部的不公平现象。其次，创新薪酬策略应该激励员工的积极行为和优秀业绩，而不仅仅是看工作时间的长短。此外，薪酬策略还应该具备可操作性和透明度，便于员工理解和接受。

2.1.5 实施创新薪酬策略的领导力决策

在实施创新薪酬策略时，领导者发挥着重要的作用。他们应该与员工进行有效的沟通和培训，确保员工充分了解和接受创新薪酬策略。同时，领导者需要监督实施过程，并及时提供反馈和指导，以确保创新薪酬策略的顺利实施。

领导者的决策对创新薪酬策略的实施效果有着重要的影响。他们需要根据实施过程中的反馈和意见，及时调整和改进创新薪酬策略，以适应组织和员工的需求。领导者的积极参与和支持可以增强员工的参与度和认同感，进一步推动创新薪酬策略的实施效果。

2.1.6 评估创新薪酬策略的领导力决策

评估创新薪酬策略的实施效果是领导者不可或缺的决策任务。首先，领导者需要设定明确的目标和指标，以衡量创新薪酬策略的实施效果。其次，领导者需要收集和分析相关的数据，了解创新薪酬策略的成效和员工的反馈意见。

2.1.7 调整创新薪酬策略的领导力决策

在实施过程中，领导者还需根据反馈意见和改进需求，进行创新薪酬策略的调整。首先，领导者需要收集员工的反馈意见，并进行认真分析和处理。其次，领导者应鼓励员工提出改进建议，以完善创新薪酬策略。

调整创新薪酬策略的决策对领导者具有重要的影响。他们需要及时响应员工的反馈，对薪酬策略进行必要的调整，以适应组织和员工的需求。领导者需要灵活运用决策权，确保薪酬策略的公正性和有效性。

总之，领导者在创新薪酬策略的决策过程中起到了关键的作用。他们不仅需要制定创新的薪酬策略，还需要监督其实施，评估其效果，及时做出调整，以实现组织的目标。领导者的决策和行动将直接影响到组织的绩效和员工的满意度，因此，领导者需要具备高效的决策能力和良好的人际交往能力，以引导和推动创新薪酬策略的成功实施。

2.2 创新薪酬策略与企业策略的领导力连接

在介绍了如何通过领导力进行创新薪酬决策后，我们将关注创新薪酬策略与企业策略的领导力连接。这将为我们进一步探讨领导力在创新薪酬策略执行中的角色提供深厚的基础。

2.2.1 创新薪酬策略与企业战略的关系

1. 创新薪酬策略与企业战略的关联

创新薪酬策略与企业战略之间存在紧密的关联。创新薪酬策略必须与企业的使命、愿景和价值观相一致，以支持企业的整体目标。创新薪酬策略应该考虑到企业的定位、业务战略和市场竞争环境等因素，以确保创新薪酬策略能够为企业创造长期价值。

2. 创新薪酬策略对企业战略的影响

创新薪酬策略对企业战略有直接的影响。创新薪酬策略能够帮助企业吸引和保留高素质的人才，提高员工的满意度和忠诚度，进而提高企业绩效和竞争力。同时，创新薪酬策略也能够影响企业的组织文化，塑造员工价值观和行为准则，对企业的核心价值和品牌形象有重要作用。

3. 创新薪酬策略与企业战略的相互促进作用

创新薪酬策略与企业战略之间存在相互促进的作用。企业战略需要依赖创新薪酬策略来实现其目标，而创新薪酬策略则需要依赖企业战略来确定其方向和目标。创新薪酬策略的制定过程中应该密切关注企业战略的变化和发展，以及员工的需求和市场趋势，确保创新薪酬策略能够与企业战略相互促进。

2.2.2 领导力在创新薪酬策略中的作用

1. 领导力对创新薪酬策略的重要性

领导力在薪酬战略中起着重要的作用。领导者应该具备战略眼光和卓越的领导能力，能够制定和执行有效的薪酬战略。他们应该能够理解和应对员工的需求和期望，通过激励和奖励来推动员工的绩效和发展。

2. 领导力在创新薪酬策略中的角色

领导力在创新薪酬策略中扮演着关键的角色。领导者应该能够建立积极的创新薪酬策略，强调奖励和认可的重要性。他们应该与员工建立良好的沟通和信任关系，了解员工的动机和目标，并根据员工的表现做出公正的薪酬决策。

3. 领导力对创新薪酬策略执行的影响

领导力对创新薪酬策略的执行具有重要的影响。领导者应该能够充分理解和支持创新薪酬策略的目标和原则，并通过有效的沟通和激励手段来推动员工的绩效和发展。他们应该能够根据员工的表现和市场情况做出灵活的调整，并不断改进和优化创新薪酬策略。

2.2.3 领导力与创新薪酬策略的结合方式

1. 领导力与创新薪酬策略相辅相成

领导力与创新薪酬策略应该相辅相成，形成良性循环。领导者应该通过激励和奖励来推动员工的绩效和发展。领导力和创新薪酬策略的相辅相成能够有效地提高员工的工作动力和满意度，进而提升企业的绩效。

2. 创新薪酬策略如何影响领导力的发挥

创新薪酬策略可以通过以下方式影响领导力的发挥：

—— 通过奖励和福利来激励领导者做出正确的决策和行为。

—— 通过薪酬系统来支持和强化领导者的角色和责任。

—— 通过建立公平和透明的创新薪酬策略，增强领导者的信任和信誉。

—— 通过提供足够的资源和机会，促进领导者的发展和进步。

—— 通过创新薪酬策略来塑造和引导领导者的价值观和行为准则。

2.2.4 设计和实施创新薪酬策略的步骤

1. 设计创新薪酬策略的步骤包括：

—— 确定企业战略和创新薪酬策略的对接；

—— 分析市场同行业的同岗位薪酬数据和行业趋势；

—— 设定创新薪酬策略的涵盖项目，包括薪资结构、奖金制度、福利政策等；

—— 设定创新薪酬策略的指标和评估机制；

—— 确定创新薪酬策略的实施和监控机制。

2. 实施创新薪酬策略的步骤包括：

—— 传达和解释创新薪酬策略；

—— 训练和指导管理人员执行创新薪酬策略；

—— 提供工具和资源支持创新薪酬策略；

—— 监控创新薪酬策略的实施和评估其结果；

—— 收集反馈并进行创新薪酬策略的调整和优化。

3. 评估创新薪酬策略的效果需要考虑以下因素：

—— 员工的满意度和参与度；

—— 企业的人力成本和利润；

—— 员工的绩效和生产力；

—— 员工的留任率和吸引力；

—— 企业的市场竞争力和品牌形象。

2.3 领导力在创新薪酬策略执行中的角色

在理解了创新薪酬策略与企业战略的领导力连接之后，我们将聚焦于领导力在创新薪酬策略执行中的作用。这一部分将为我们下一章讨论领导力驱动的薪酬体系设计，打下坚实的基础。

2.3.1 领导力与创新薪酬策略的关系

领导力和创新薪酬战略有着密切的关系。领导力在创新薪酬策略的制定和执行过程中起着重要的作用。优秀的领导者可以通过激励和引导员工来实现薪酬战略的目标，同时也能够塑造积极的组织文化，促进员工的发展和成长。

2.3.2 发展领导力以支持创新薪酬战略的执行

领导力的发展对于支持创新薪酬策略的执行至关重要。领导力的提升可以帮助领导者更好地理解和应对复杂的组织环境，有效地引导和激励员工，实现创新薪酬策略的目标。

2.3.3 领导力在创新薪酬策略执行中的局限性与挑战以及解决方案

1. 领导力的局限性与挑战

领导力也存在一些局限性和挑战，例如领导者可能面临的压力和决策的不确定性。此外，领导者的个人喜好和偏见也可能影响其对创新薪酬策略的执行。

2. 克服领导力挑战的解决方案

为了克服领导力挑战，领导者可以通过建立强大的团队、持续学习和发展自己的领导能力、主动寻求反馈和建立良好的沟通渠道等方式来提升自己的领导力，以促进创新薪酬策略执行过程中各类问题的解决。

2.4 领导力视角下的创新薪酬策略挑战

在当前的企业环境下，薪酬管理面临着前所未有的挑战。从全球化的竞争到新一代员工的工作观念变迁，这些因素都要求企业领导者采取新的视角来看待和管理员工的薪酬。

2.4.1 当前环境下企业的创新薪酬策略挑战

随着全球化的不断推进，企业竞争加剧。例如，一个在美国的科技公司可能需要与一个位于印度的初创企业竞争，两者在薪酬和人才吸引上都有所不同。在这样的背景下，传统的薪酬策略如何适应，成为了一个大的问题。

同时，新一代的员工，他们的期望和工作观念与前辈存在明显差异。在新一代员工看来，工作不再仅仅是为了薪水，他们更加重视职业成长、工作内容的有趣性以及工作与生活的平衡。与前几代人相比，他们的价值观和工作观念存在很大的差异，详述如下：

1. 职业成长的渴望

新一代员工更加注重自我发展和职业成长。他们不满足于机械式、重复的工作，而是渴望在工作中持续学习和成长。例如，很多新一代员工在求职时，都会特别关注企业是否提供培训和学习的机会。他们愿意投资在自己的职业技能和知识上，甚至不惜利用业余时间去参加各种课程和讲座。

2. 工作内容的有趣性

对于新一代员工来说，工作不仅仅是赚钱，更是他们展现自我的平台。他们希望工作能够与自己的兴趣和喜好相结合。例如，一个对游戏感兴趣的新一代员工可能会选择在游戏公司工作，而不是广告公司，即使后者提供的薪酬更高。

3. 工作与生活的平衡

新一代员工非常重视工作与生活的平衡。他们不愿意长时间地加班，而是希望有更多的时间去陪伴家人、运动或旅行等。例如，许多新一代员工在选择工作时，都会特别关注企业的工时和假期制度。对于他们来说，有足够的休息时间，是保持高效工作的关键。

这些变化反映出新一代员工对于自身的定位和期望发生了根本性的变化。企业需要对这些变化给予足够的重视，调整薪酬管理和激励策略，才能更好地吸引和留住这些年轻人才。

2.4.2 领导力与创新薪酬策略的关联

当我们谈论乔布斯，大多数人首先想到的是他的产品创新能力，例如 iPod、iPhone 和 iPad。但除此之外，乔布斯的真正魅力在于他的领导才能，特别是如何通过有效的创新薪酬策略激励 Apple 公司的团队。

1. 目标明确的薪酬结构

乔布斯深知，一个明确的目标是驱动团队前进的关键。因此，他为 Apple 公司的员工制定了与公司业务目标紧密相关的薪酬结构。这不仅包括基本薪资，还包括各种激励，如股票期权、业绩奖金等。这种薪酬结构使员工明确知道，他们的努力和薪酬的提升是紧密相连的。

2. 公平的薪酬分配

在 Apple 公司，乔布斯坚持薪酬公平性原则。这意味着，不同级别、不同职责的员工都能获得与他们的贡献相符的报酬。这种公平的薪酬分配策略不仅增强了员工的归属感，还减少了内部的摩擦和竞争，使团队能够更好地合作。

3. 与创新紧密相连的激励机制

乔布斯非常注重创新，他认为这是 Apple 公司的核心竞争力。为了激励员工不断创新，他设计了一套与创新紧密相连的薪酬和奖励机制。例如，为最有创意的项目团队提供额外的奖金或股票期权。这样的激励策略使员工更愿意投入时间和精力在寻求新的创意和解决方案上。

乔布斯的成功并不仅仅来自他自己的才华，更多的是他如何引导和激励 Apple 公司的团队。他深知，合理和公平的创新薪酬策略是激发员工积极性、保持团队稳定和推动公司持续创新的关键。通过有效的创新薪酬策略，乔布斯成功地打造了一个充满激情、创新和协作的团队，这也是 Apple 能够在竞争激烈的市场中持续领先的重要原因之一。

2.4.3 当前的创新薪酬策略问题

目前的问题在于，很多公司的薪酬策略仍然采用的是传统模式。例如，一家大型企业可能有着非常复杂的薪酬体系，而员工很难理解他们的薪酬是如何计算出来的，这导致了员工满意度的下降。

再比如，某些公司的薪酬与绩效之间存在明显的脱节。有的员工即使工作很努力，也未必能得到与之相匹配的薪酬。这样的现象导致了员工的流失。

很显然，传统的薪酬策略无法满足现代市场环境和员工的需求。员工期望薪酬公平、透明，与他们的努力和付出相匹配。这就要求企业设计更加灵活和有针对性的策略，以应对快速变化的市场环境和员工的需求。

2.4.4 解决方案与最佳实践

对于上述问题，许多前沿企业已经找到了解决方案。首先，他们建立了透明的薪酬结构，员工可以清晰地知道自己的薪酬是如何计算的。其次，通过融合绩效与薪酬，确保员工的努力能够得到应有的回报。最后，从领导力的视角出发，合理统筹企业收支，确保薪酬策略能够支持企业的长期战略。

未来，随着更多的企业开始意识到创新薪酬策略的重要性，将会有更多的薪酬策略创新和变革。无论如何，领导力将始终是这一进程中的关键因素。因此，企业领导者需要不断地学习和改进，确保他们的薪酬策略能够支持企业的长期目标。

3 PART

第三章

领导力驱动的薪酬体系设计

在这一章，我们将聚焦领导力在设计薪酬体系中的主导作用。我们将介绍领导力如何引领有效的薪酬体系构建。此外，我们将分析领导力在薪酬体系变革中的重要角色，提供实例说明如何运用领导力在薪酬体系优化中进行有效实践以及介绍领导力对薪酬体系优化的未来展望。通过本章，读者将深入理解领导力在构建和维护有效的薪酬体系中的关键作用。

3.1 领导力引领的薪酬体系构建

在深入分析了领导力在创新薪酬战略执行中的挑战后，我们将开始探索领导力在薪酬体系构建中的作用。首先，我们将探讨领导力如何引领薪酬体系的构建。这将为我们后续讨论领导力在薪酬体系变革中的角色提供理论依据。

3.1.1 领导力与薪酬体系的相关性

1. 领导力与薪酬体系的关系

在组织中，领导力是推动目标实现和员工发展的关键驱动力之一。薪酬体系是激励和奖励员工的重要工具，而领导力则决定了薪酬体系的有效性和激励性。

2. 领导力对薪酬体系建设的影响

有效的领导力可以塑造和推动一个合理、公正的薪酬体系。领导者通过明确组织目标、制定奖励机制和绩效评估标准等方式，对薪酬体系进行建设和改进。他们的领导风格和决策能力将直接影响员工对薪酬体系的认可和满意程度。

3. 领导力在薪酬体系构建中的职责与作用

领导力在薪酬体系构建中扮演着重要的角色。首先，领导者需要设定明确的目标，并与战略规划相结合，确保薪酬体系与组织目标一致。其次，领导者需要通过绩效管理和激励机制激发员工的动力和创造力。另外，他们还要通过塑造良好的组织文化和鼓励员工提出建议，使薪酬体系得到全员的支持和认同。

3.1.2 设计薪酬体系中的领导力要素

1. 目标设定与战略规划中的领导力

企业的成功依赖于优秀的员工，而招聘与留存优秀的员工则离不开一个公正且有效的薪酬体系。因此，领导者需要深入理解薪酬体系的本质，以及如何将其与企业的总体战略紧密结合。

首先，领导者要明白企业的薪酬体系的初衷与总体发展战略之间的关联。薪酬体系的初衷不仅仅是为了支付员工劳动报酬，更重要的是，其应当与公司的总体发展战略保持一致，以吸引并留住合适的人才，以及激励员工持续提升个人和团队的绩效。因此，一个有效的薪酬体系是实现企业战略目标的关键工具之一。

定义总体薪酬策略是整个薪酬体系设计中的第一步，而且至关重要。总体薪酬策略不仅确定了薪酬体系的基本框架和定位，也规定了薪酬体系应达到的目标。它决定了薪酬体系将如何吸引、激励和保留员工，以及如何支持企业的经营目标和价值观。

在不同的发展阶段，企业需要调整其薪酬体系以适应变化的需求和目标。例如，在初创阶段，企业可能需要采取稳中求进的策略，以确保员工的稳定和满意度。这种强调稳定性的薪酬体系，通过设定合理的基本薪酬比例，为员工提供一定的安全感。然而，仅仅提供稳定的薪资并不足以吸引和留住最优秀的人才，随着企业的发展壮大，企业还需要建立长期的发展激励机制，让员工看到自身在公司中的价值和未来发展的可能性。

总的来说，设计一个与企业战略紧密相连、符合公司发展阶段需求的薪酬体系，是每个企业在人力资源管理上都必须面对的任务。通过明智的薪酬体系设计，企业不仅可以吸引和留住优秀的人才，还可以促进员工的工作热情，从而最大程度地实现企业的战略目标。

薪酬体系设计通常分为以下六个步骤：

a. 设定薪酬策略

首先，企业需要根据自己的经营目标和人力资源策略来设定一个薪酬策略。这个策略应当明确企业的薪酬目标，以及如何通过薪酬体系来吸引、留住和激励员工。

b. 进行职位评估

职位评估是对企业内各种工作的相对价值进行评估，其结果会被用来确定薪酬等级。这个过程通常需要专业的评估工具和方法。

c. 制定薪酬结构

基于职位评估的结果，企业可以制定薪酬结构，即将职位分类并设定相应的薪酬范围。这个过程需要考虑到市场竞争情况、企业的支付能力和员工的期望等因素。

d. 设计薪酬项目

企业需要确定薪酬的各个组成部分，比如基本工资、奖金、福利等，并确定他们在总薪酬中的比例。

e. 实施和管理薪酬体系

企业需要制定相应的政策和程序来管理薪酬体系，确保其有效地运行。这包括薪酬的分配、调整、审查等。

f. 定期审查和调整

薪酬体系不应是一成不变的。企业需要定期审查薪酬体系，根据企业的变化和市场的变化来进行相应的调整。

这个过程需要企业高层的支持，同时也需要专业的人力资源管理知识和技能。一个好的薪酬体系可以帮助企业吸引和留住优秀的员工，从而提高企业的竞争力。

设定薪酬策略的过程需要基于企业的经营目标和人力资源策略。这意味着，薪酬策略不是孤立存在的，而是需要和企业的其他策略相辅相成。例如，如果企业的战略是通过提供高质量的产品和服务来获得市场份额，那么薪酬策略就需要重视员工的技能和质量，而不仅仅是生产的数量。相反，如果企业的战略是通过降低生产成本来获得竞争优势，那么薪酬策略可能就需要更多地关注员工的工作效率和生产力。

在设定薪酬策略时，企业还需要考虑到市场的竞争环境、员工的需求和期望以及自身的财务状况。这需要企业进行市场调研，了解并分析行业内的薪酬水平和趋势；需要企业了解员工的需求和期望，比如员工更看重基本工资、奖金、福利，还是长期发展；同时，企业还需要根据自身的财务状况，设定一个可持续的薪酬策略。

大家所熟知的“定岗定责”通常就是在这一步设计的。首先，公司要基于其经营目标和人力资源策略来设定薪酬策略，明确薪酬体系的目标。然后，在进行职位评估之前，公司需要明确每个职位的职责和角色，这就是“定岗定责”的过程。

职位分析：这是定岗定责的第一步。职位分析是对每个职位的任务、职责、技能要求等各个方面进行详细研究和理解的过程。这通常包括分析工作环境、工作流程、需要的技能和知识等。职位分析的目标是创建一个详细的工作轮廓，以明确每个职位的主要功能和要求。

例如，对于一位销售经理，职位分析可能会涉及其主要任务（比如销售产品、管理销售团队、达成销售目标等）、所需技能和经验（比如良好的沟通技巧、团队管理能力、销售经验等），以及工作环境和条件（如高压环境、频繁出差等）。

职位名称	主要职责	所需技能	所需经验	工作条件
销售经理	领导销售团队，完成销售目标	沟通和团队管理技巧	5 年以上销售经验	需要频繁出差

职位描述：这是职位分析的直接输出，也是定岗定责的

第二步。职位描述是对职位的主要任务、职责、技能要求等进行总结和描述的板块。它是与应聘者或员工交流职位要求的主要工具。

职业名称	职位描述
销售经理	该职位需要领导销售团队，完成公司设定的销售目标。 该职位需要良好的沟通和团队管理技巧，有5年以上的销售经验，能够适应频繁的出差。

职位评估：这是定岗定责的最后一步，也是设定薪酬等级的前期准备工作。职位评估是根据职位描述中的信息，对每个职位的价值进行评估的过程。这个过程通常需要专业的评估工具和方法，并且可能涉及多个评估因素，如职责的复杂性、所需的技能和经验、工作的影响力等。

职业名称	评估因素	得分
销售经理	职责重要性	10
	技能和经验	8
	工作影响力	9

在评估销售经理的职位价值时，可能会考虑其职责的重要性（如销售目标对公司业绩的影响）、所需的技能和经验（如需要的销售技能和经验对完成职责的重要性）以及工作的影响力（如他的决策对销售团队和公司业绩的影响）。

总的来说，“定岗定责”是人力资源管理的一个重要过程，它帮助企业明确每个职位的要求和价值，从而为薪酬管理、绩效管理等其他人力资源管理活动提供基础。

2. 职位评估

职位评估的结果会被用来确定薪酬等级。这个过程通常需要专业的评估工具和方法。

职位评估方法通常有很多种，包括等级法、点数法和因素比较法等。以下是前两种方法的定义、优缺点以及使用方式：

a. 等级法（Ranking Method）

职位名称	职位等级
高级管理岗位	1
中级管理岗位	2
基层管理岗位	3
一般员工岗位	4

定义：等级法是一种直观的、主观性较强的职位评估方法。它通过对各职位的整体比较，将职位从高到低进行排序，以此确定职位的相对价值。

优点：等级法简单通俗，不需要专业的知识和技巧，容易理解和操作。

缺点：等级法主观性较强，可能会受到评估者的偏见影响。而且，等级法难以处理职位数量较多的情况，也不易明确各职位的所需因素占比。

使用方式：例如，企业可以将所有的管理职位进行排序，最高级的管理职位在最顶部，最低级的管理职位在最底部。这样就形成了一个职位的等级序列。

b. 点数法（Point Method）

职业名称	技能要求（分）	责任程度（分）	工作环境（分）	总分
职位 A	30	40	20	90
职位 B	40	30	20	90
职位 C	20	40	30	90

定义：点数法是一种定量的职位评估方法。它将职位分解为若干个因素，然后对每个因素进行评分，最后将各因素的分数相加，得到职位的总分。

优点：点数法的定量性较强，能够更准确地反映职位的相对价值。而且，点数法的结果具有较好的解释性和可比性。

缺点：点数法的操作过程较复杂，需要专业的知识和技巧。而且，点数法可能会忽视职位之间的互动效应。

使用方式：例如，企业可以将职位分解为“技能要求”“责任程度”和“工作环境”三个因素，然后对每个因素进行评分，最后将各因素的分数相加，得到职位的总分。

通过各种方法，我们最终可以获取一个职位分析信息表。

项目	具体信息	例子
与职位相关的信息		
职位识别信息	职位名称、所属部门、任职资格	名称：软件开发工程师 所属部门：技术部 任职资格：计算机专业、软件工程专业等相关专业
工作内容	任务、权限、绩效标准、工作条件、角色	任务：开发软件新功能、修复BUG 权限：代码审查、部署上线 绩效标准：代码质量、项目进度 工作条件：能适应高压环境 角色：执行者、协调者
与雇员相关的信息		
雇员特点	专业/技术知识、交际技能、语言技能、写作技能、计算技能、机械技能、抽象技能、管理技能、领导技能	专业知识：掌握计算机科学基础知识、熟悉软件开发流程 计算技能：良好的计算能力 交际技能：能够有效地与团队成员沟通 ……
内部关系	雇主及其他上级、相同等级的同事、下属	上级：技术部经理 同事：其他软件开发工程师 下属：实习生
外部关系	客户、监管部门、社区、供应商、工会/雇员团体	客户：使用其软件的公司或个人 监管部门：工信部 ……

这个职位分析信息表的目的是通过详细的信息收集和记录，深入理解一个特定职位的多个方面。这有助于企业管理者明确职位的任务、角色、任职资格等，为职位评估和设定薪酬结构提供基础。下面是对表格的每一部分的详细的解释：

与职位相关的信息：

职位识别信息：这一部分包括职位的名称、所属部门和任职资格。职位名称应明确、精准地描述职位的工作属性，比如“软件开发工程师”。所在部门则是指这个职位在企业的哪个部门，比如“技术部”。任职资格则是指担任这个职位所需要的最低要求，比如相关专业、学历、技能或经验等。

工作内容：这一部分详细描述了职位的工作内容，包括职位的任务、权限、绩效标准、工作条件和角色等。这部分信息帮助领导者了解职位的具体工作内容和要求，对于职位的价值评估和薪酬结构设定都非常重要。

与雇员相关的信息：

雇员特点：这一部分描述了担任这个职位的员工应具备的特点，包括专业、技术知识、计算技能、交际技能、语言技能、写作技能、机械技能、抽象技能、管理技能、领导技能、等。这部分信息有助于确定任职资格和招聘标准。

内部关系：这部分描述了职位在企业内部的关系网络，包括与上级、同级和下级的关系。这部分信息有助于了解职位的地位和影响力。

外部关系：这部分描述了职位与企业外部的关系，包括与客户、监管部门、社区、供应商、工会/雇员团体等的关系。这部分信息有助于了解职位的外部影响力和责任。

总的来说，上述表格包括了对职位进行的初步的分析，是进行职位评估和设定薪酬结构的重要基础。

经过市场调查分析，以及使用各种评估方法，我们接下来就可以得到岗位说明书了：

项目	备注
企业名称：填写企业的全称	
制表日期：填写制作此表格的日期	
职业名称：填写职位的官方名称	
所属部门：填写该职位所属的部门或团队名称	
直接上级：填写该职位的直接上级的职位名称	
直接下级：填写该职位的直接下级的职位名称，如果该职位没有下级，可以留空	
主要职责：列出该职位的主要工作职责和任务，通常包括日常工作任务、项目管理等	
主要权限：列出该职位的主要权限，例如决策权、、签字权等	
内部关系：描述该职位在企业内的主要职能，例如生产部门等	
外部关系：描述该职位与企业外部的关系，例如与客户、供应商、行业协会等的互动	

续表

项目	备注
工作环境：描述该职位的工作环境，如办公环境、外出、轮班等	
任职资格：列出该职位所需的最低资格，例如学历要求、专业要求、证书要求等	
年龄要求：如果有年龄限制，可以在此列出，但需要遵守《劳动法》	
经验要求：列出该职位所需的相关工作经验年限或类型	
专业知识：列出该职位所需的专业知识或技能，如某种语言、计算机技能等	
相关技能：列出该职位所需的其他相关技能，如沟通能力、领导能力等	
性格特征：列出该职位所需的性格特点，如细心、有耐心、果断等	
其他条件：列出该职位的其他任职条件，如能否接受出差、是否需要驾驶执照等	
可晋升职位：列出从这个职位可能晋升的职位	
关键业绩指标（KPIs）：列出用来评价这个职位的关键业绩指标	
备注：提供任何其他可能对理解该职位有帮助的信息	
制定人：填写制定此表格的人的姓名	
审核人：填写审核此表格的人的姓名	

定岗定责后，我们就需要进行职位评估。职位评估是一种核心的人力资源管理实践，其目标是为企业内各种不同的工作分配一个相对的价值，从而为设定薪酬等级和结构提供依据。这个过程通常需要专业的评估工具和方法，并且要经过多个步骤来完成。

让我们以一个具体的例子来详细介绍这个过程。假设有一家名为“Future Tech”的科技公司，他们决定创建一个新的职位——产品经理。首先，Future Tech 的人力资源团队与高级管理人员一起确定了产品经理的主要职责和要求。这包括这个职位的职责、职能，职位所需的技能、知识、经验等相关信息。这个过程中，通常需要收集职位描述、与直接上级和下级进行交谈、甚至直接观察工作以获取足够的信息。

接下来是选择职位评估的方法。Future Tech 选择使用点数法进行评估，这是因为这种方法适用于各种不同类型的职位，而且可以提供一个量化的结果。他们选择了五个评估因素，即：技能（30%）、责任（30%）、努力（20%）、工作环境（10%）和工作条件（10%）。接下来，他们为每个因素设定了一个分数范围，比如，技能的分数范围是 0 ~ 100，责任的分数范围是 0 ~ 100，等等。然后，他们根据产品经理职位的要求和职责为每个因素打分，最后得分为 85。

在此过程中，他们设立了专门的职位评估委员会，包括人力资源专家、部门经理和员工代表，以确保评估的公正性和公平性。

职位评估完成后，就可以根据评估结果来设定薪酬等级。然后，他们将85分这个得分与公司内其他职位的得分进行比较，决定产品经理职位在薪酬体系中的位置。他们发现，这个得分位于中高级别职位的范围内，因此他们为产品经理设定了相应的薪酬范围，并将这个职位纳入了中高级别的职级通道。

最后，职位评估并非一次性的工作，而是需要长期进行。随着Future Tech的发展和变化，新的职位可能会出现，老的职位可能会发生变化，因此需要适时对职位进行评估，确保职位的相对价值和薪酬等级的准确性。

总的来说，职位评估是一个复杂但至关重要的过程。只有通过精细的职位评估，才能确保企业的薪酬体系的公平性和竞争力，从而吸引、留住和激励优秀的员工，支持企业的战略目标。

根据Future Tech的具体需要，他们制定了一套详细的管理类职级结构。这一结构准确地反映了不同职位之间的相对价值，同时明确了每一级职位的主要职责以及其在整个组织中的位置。更重要的是，他们根据这一结构设定了相应的薪酬等级，以确保他们的薪酬体系的公平性和竞争力。

他们也深知这一职级结构并非一成不变。随着Future Tech的持续发展，他们将定期进行职位评估，以确保每一个职位的价值得到准确反映，并及时调整薪酬结构以应对市场变化。他们相信，这一流程将有助于他们更好地吸引、留住和激励优秀的员工，从而推动 Future Tech 实现其战略目标。

他们也将继续与各部门密切协作，以确保他们的职级结构和薪酬体系能满足组织的实际需要。在此过程中，他们也欢迎并鼓励员工提出宝贵的反馈和建议，因为他们相信，只有充分理解和满足员工的需求，他们才能创建出真正公平、透明和有吸引力的薪酬体系。

总的来说，创建一个有效的职级结构是一项复杂但至关重要的任务。但他们相信，通过持续的努力和改进，他们能够构建一个可以支持 Future Tech 长期发展的强大薪酬体系。

在设计管理类的职级结构时，我们需要考虑公司的大小、工作性质以及管理类职位的基本职能。以下是一个简单的管理类职级结构示例：

职级	职位名称	主要职责	直接下级职级
1	高级执行官（CEO）	制定公司策略，监督所有部门	2
2	高级副总裁	协助 CEO，负责一个或多个特定业务单元	3
3	副总裁	负责具体业务领域，如市场营销、财务等	4
4	高级经理	负责一个特定的职能部门，如销售部、人力资源部等	5
5	经理	直接管理特定的职能或项目，如产品开发、客户服务等	6
6	主管 / 团队领导	管理特定的小组或团队，如销售团队、技术团队等	7

续表

职级	职位名称	主要职责	直接下级职级
7	员工 / 专员	执行具体的工作内容	–

请注意，这只是一个基本的框架，运用时，还需要根据公司特定的情况进行调整。例如，大型公司可能有更多的管理层级，而小型公司可能只需要几个管理层级。同样，公司可能有特定的职位命名和级别，需要考虑到这些因素来创建一个职位等级结构。

接下来我们再看一个，这个技术类职级结构考虑了技术人员的能力和经验，从技术主管到技术实习生 / 助理，分别需要的技能和经验逐级降低。当员工的技能和经验提升，他们就有机会晋升到更高的职级。同样，这只是一个基本的框架，具体的职级结构和名称可能需要根据公司特定的情况进行调整。

职级	职位名称	主要职责	需要的技能和职责	直接下级职级
1	技术总管	制定技术策略，领导研发团队	高级技术专长，管理经验	2
2	高级工程师 / 首席工程师	设计和实施关键技术解决方案，领导具体项目	高级技术专长，项目管理经验	3
3	工程师	参与研发工作，解决技术问题	技术专长，解决问题能力	4

续表

职级	职位名称	主要职责	需要的技能和职责	直接下级职级
4	初级工程师	执行特定的研发任务	基本技术知识，学习能力	5
5	技术实习生/助理	协助完成研发任务	学习能力，团队合作精神	–

接下来我们再看一个行政类的职位等级结构：

职级	职位名称	主要职责	直接下级职级
1	行政总监	制定和实施行政策略，监督所有行政事务	2
2	行政经理	管理特定的行政领域，如设施管理、行政人员管理等	3
3	行政主管	负责某个具体的行政任务，如会议组织、文档管理等	4
4	行政专员/助理	执行具体的行政任务，如接待、文档归档等	–

现在，让我们在上述框架的基础上开始制定薪酬结构。这些职级结构不仅描述了各个职位的主要职责，而且明确了他们在组织中的等级。通过这些信息，我们能够理解哪些职位具有更大的价值和更多的责任，因此需要给予更高的薪酬。接下来，我们需要将这些职位按照其相对价值进行分类，并设定每个职位类别的薪酬范围。这是制定薪酬结构的重要步骤，可以帮助我们建立一个公平、具有竞争力和激励性的薪酬体系。

3. 制定薪酬结构

制定薪酬结构是企业确定薪酬策略的重要步骤。这一步是整个薪酬结构制定过程的起点。这个过程通常包括以下步骤：

根据职位评估结果将职位进行分类：

企业首先需要将职位按照其相对价值进行分类。比如，可以将职位分为高级管理岗、中层管理岗、基层管理岗和一般员工岗等类别。分类的结果应该反映出职位的相对重要性，即职位的价值越高，其所在的类别就越高。

其次，需要对所有的职位进行职位评估，以了解每个职位的相对价值。这通常包括了解每个职位的职责、技能要求、工作复杂度和对企业的影响程度等因素。职位评估通常由人力资源经理或外部顾问进行，并且需要根据一套预先确定的评估标准进行。

最后，评估完职位后，企业需要将职位进行分类。这是一个根据职位的相对价值来将职位分组的过程。分类的目标是将价值相近的职位放在一起，以便对它们进行相似的薪酬管理。例如，所有的高级管理职位可能会被分为一组，所有的中层管理职位可能会被分为另一组，等等。

在对职位分类时，通常会根据职位的级别（如高级管理、中级管理、基层管理和一般员工岗）和职位的性质（如技术、销售、行政）来进行。例如，企业可能会有一个“高级管理”的类别，其中包含了所有的高级管理职位，如首席执行官、首席财务官等。同样，企业也可能有一个“技术”的类别，其中包含了所有的技术职位，如工程师、技术专家等。

职位分类是制定薪酬结构的重要一步，它可以帮助企业明确各个职位的相对价值，从而制定出公平和具有竞争力的薪酬政策。

设定每个职位类别的薪酬范围：

在职位分类完成后，企业需要为每个职位类别设定一个薪酬范围。薪酬范围是一个职位可以支付的最低薪酬和最高薪酬。最低薪酬通常是这个职位类别可以接受的最低薪酬水平，而最高薪酬则是企业愿意为这个职位类别支付的最高薪酬。

设定薪酬范围的过程需要考虑多个因素。首先，需要考虑职位的相对价值。高级管理岗的价值通常会高于中层管理岗，因此其薪酬范围也应当高于中层管理岗。同样，中层管理岗的价值一般会高于基层管理岗，所以它的薪酬范围也应该高于基层管理岗，以此类推。

其次，设定薪酬范围时也需要考虑市场因素。当设定薪酬范围时，市场竞争情况是一个极为重要的考量因素。市场薪酬竞争力是影响员工满意度和留任率的关键因素之一。这就需要企业通过薪酬调查或者市场调研来了解同类职位在市场上的薪酬水平。薪酬调查可以帮助企业收集关于市场薪酬的信息，这些信息包括同类职位的薪酬中位数、平均薪酬、薪酬的下限和上限等。这些数据可以为企业设定薪酬范围提供依据，并根据这个信息来设定薪酬范围。如果企业设定的薪酬范围低于市场水平，可能会导致优秀的员工被提供更高薪的竞争对手吸引，从而流失；如果设定的薪酬范围高于市场水平，虽然可能会吸引更多的优秀人才，但也可能带来过高的成本压力。而且当现有员工知道新进员工获得了高于市场水平的薪酬时，会引发内部员工的不公平感。

另外，设定薪酬范围时还需要考虑企业的财务状况。企业需要确保自己有足够的资金来支付员工的薪酬，不能因为追求竞争力而忽视了自身的支付能力。

一个健康的薪酬策略不仅要尽可能地吸引和留住优秀的员工，同时也必须考虑到企业的财务健康。这就需要管理者了解和评估企业的支付能力，并在此基础上设定合理的薪酬范围。

企业的支付能力直接决定了企业在设定薪酬范围时的上限和下限。如果企业的支付能力较强，那么它在设定薪酬范围时可能会更灵活，可以提供更高的薪酬以吸引和留住人才。反之，如果支付能力较弱，企业可能需要在薪酬和其他福利之间进行平衡，以防止过高的薪酬压力导致企业财务出现问题。

评估企业支付能力通常需要从财务分析和经营预测两个方面入手。财务分析主要看企业的现有财务状况，包括流动资金、预期收益、现金流等；经营预测则需要考虑到行业趋势、市场竞争情况、企业的发展策略等。这两个方面的分析都需要基于详实的数据，以确保评估结果的准确性。

根据评估结果，企业可以设定一个符合自身支付能力的薪酬范围。找到合适的平衡点很关键，即在满足员工薪酬期望的同时，也要确保企业的财务健康。

支付能力强的企业和支付能力弱的企业设定薪酬范围的策略可能会有很大的差异。支付能力强的企业通常可以提供更高的薪酬，从而吸引和留住更多的优秀人才。而支付能力弱的企业可能需要更多地依赖于非货币的激励方式，如职位晋升机会、更多的休假或团队活动等，以吸引和留住员工。

总的来说，企业在设定薪酬范围时，必须要充分考虑自己的支付能力。只有在保障企业支付能力的前提下，制定的薪酬策略才能持续且有效，同时也能更好地满足员工的期望，从而推动企业的持续发展。

最后，设定薪酬范围时还需要考虑员工的期望。员工对薪酬的期望是一个重要的因素，如果忽视了这一点，可能会影响员工的满意度和忠诚度。

企业可以通过员工调研来了解员工对薪酬的期望，然后尽量在自己的能力范围内满足员工的期望。

员工的薪酬期望是一个复杂的概念，它不仅包括期望的薪水水平，也涉及薪酬结构、福利待遇、职业发展等多个方面。这些期望可能受到多种因素的影响，包括个人的能力和经验、市场薪酬水平、工作满意度等。下面我们详细讨论几个主要的期望因素：

薪水水平：这是最直观的期望，大多数员工都希望能够获得与自己的技能、经验和工作贡献相匹配的薪水。企业可以通过市场调研来了解相似职位的市场薪酬水平，并据此设定薪酬范围。

薪酬结构：除了基本薪水，员工也会对薪酬的结构有期望。比如，有的员工可能更倾向于固定的、稳定的薪酬，而有的员工则可能更看重与业绩相关的变动薪酬。企业可以通过调查了解员工的偏好，设定多样化的薪酬结构，以满足不同员工的需求。

福利待遇：福利待遇是薪酬的重要组成部分，也是员工的重要期望。这可能包括医疗保险、退休金、年假、弹性工作时间等。企业可以根据自身的财务能力和员工的期望来提供相应的福利待遇。

职业发展：许多员工也非常关心职业发展的机会。他们希望企业能够提供充分的培训和发展机会，以帮助他们提升技能和职业水平。企业可以通过设定明确的职业发展路径、提供培训和学习机会等方式来满足这个期望。

满足员工的薪酬期望是一个持续的过程，需要企业不断进行调研和调整。企业需要建立有效的薪酬管理体系，定期收集员工的反馈，了解他们的期望是否得到满足，以及哪些地方需要改进。同时，企业也需要不断关注市场薪酬的变化，以确保自己的薪酬政策能够与市场保持竞争力。

确定了薪酬范围后，企业还需要定期进行薪酬审查，以确保薪酬结构的公平性和竞争力。薪酬审查通常会考虑市场变化、企业的财务状况和员工的工作表现等因素。

这一步是制定薪酬结构的关键，它可以帮助企业吸引和留住人才，同时也能确保薪酬的公平性和透明性。

基于上述情况，企业需要制定出一个既公平又有竞争力的薪酬结构，从而吸引、留住和激励员工。薪酬结构一般由以下几项构成：

a. 固定薪酬

固定薪酬，也称为基础薪酬，通常包括员工的基本工资，一般为月薪或年薪。这是最传统和最普遍的薪酬类型。它可以为员工提供经济稳定性，只要正常工作，他们都能确保每个月或每年有固定的收入。然而，这种方式可能无法有效激励员工提高工作效率和质量，因为固定薪酬容易导致员工安于现状，不思进取，不思创新。

固定薪酬适用于那些工作内容和工作效果比较稳定，相对容易量化的岗位。例如，行政管理、教师、会计师、清洁工等岗位，他们的工作任务明确，工作内容和工作质量较容易衡量，因此，用固定薪酬的方式可以保证他们的稳定收入。

b. 业绩导向薪酬

业绩导向薪酬适用于那些工作效果直接与个人业绩挂钩的岗位。例如，销售人员、业务代表、投资经理等，他们的业务量直接影响公司的收益，因此，采用业绩导向的薪酬方式可以激励他们更好地完成个人目标，从而提高公司的业绩。

c. 股份或期权薪酬

股份或期权薪酬方式通过提供公司的股份或股份购买选项，让员工直接从公司的增长和成功中受益。这样可以增加员工对公司的忠诚度，鼓励他们关注公司的长期发展。但这也意味着他们的薪酬更具有风险，因为如果公司的业绩不佳，他们的收入可能会受到影响。

适用场景：股份或期权薪酬在初创公司和科技公司中非常常见。例如，很多科技初创公司，如 Facebook、Google 等，都用股票期权吸引和留住了大量优秀的人才。股份或期权薪酬主要适用于那些在公司发展中起关键作用，对公司长期业绩有决定性影响的高层管理人员和关键技术人员。例如，首席执行官、首席技术官等，他们的决策和技术创新对公司的未来发展起决定性作用，通过股份或期权的方式可以使他们更关注公司的长期发展。

d. 福利导向薪酬

福利导向薪酬模式是指除了提供货币性薪酬之外，公司还提供一系列的福利，如健康保险、退休金、带薪休假等。这种方式可以提高员工的满意度和忠诚度，但可能会增加公司的运营成本。

适用场景：在那些注重员工福利和工作与生活平衡的公司中，福利导向薪酬模式比较常见，如各类大型企业和跨国公司。福利导向薪酬适用于所有类型的岗位，特别是在那些员工福利和工作与生活平衡被高度重视的公司中。

e. 混合薪酬

混合薪酬模式结合了以上几种方式，以满足不同的需求和偏好。例如，企业可能会提供一部分固定薪酬，一部分业绩奖金和一些福利，以便既保证员工的稳定收入，又能激励他们的工作积极性。

适用场景：混合薪酬模式在各种类型的公司中都可能出现，特别是那些寻求灵活性和多样性的公司。例如，很多科技公司会提供固定薪酬、股票期权和丰富的福利，以吸引和保留人才。混合薪酬模式适用于大多数类型的公司和岗位，特别是那些需要多元化激励方式的公司。例如，技术公司往往会提供固定薪酬、业绩奖金、股份或期权以及丰富的福利待遇，以吸引和留住如软件工程师、产品经理、运营经理等人才。

将上述信息制成表格，示例如下：

薪酬结构模式	优点	缺点	适用岗位	适用行业
固定薪酬	为员工提供稳定的经济来源	可能无法有效激励员工提高工作效率和质量	工作内容和工作效果比较稳定的岗位，如行政管理、教师、会计师、清洁工等	教育、政府、非营利组织

续表

薪酬结构模式	优点	缺点	适用岗位	适用行业
业绩导向薪酬	能极大地激励员工提高工作效率和质量	可能导致员工过于关注个人目标而忽视团队协作	工作效果直接与个人业绩挂钩的岗位，如销售人员、业务代表、投资经理等	产品销售型企业、房地产行业、广告公司
股份或期权薪酬	增加员工对公司的忠诚度，鼓励他们关注公司的长期发展	员工的薪酬更具有风险	在公司发展中起关键作用，对公司长期业绩有决定性影响的高层管理人员和关键技术人员	初创公司、科技公司
福利导向薪酬	可以提高员工的满意度和忠诚度	可能会增加公司的运营成本	所有类型的岗位，特别是那些员工福利和工作与生活平衡被高度重视的公司	大型企业、跨国公司
混合薪酬	满足不同的需求和偏好	要求公司有灵活和多元化的管理能力	大多数类型的公司和岗位，特别是那些需要多元化激励方式的公司	科技公司

接下来我们举例看一下，一个新兴科技公司如何从零开始设定其薪酬策略。

首先，这个科技公司的核心经营目标可能是通过创新技术来打破市场规则，获取市场份额。因此，它的人力资源策略可能会侧重于吸引和留住那些具有高级技能和创新精神的人才。因此，该公司的薪酬目标应该与这个战略相一致，也就是要吸引、留住和激励这样的员工。

接下来，这个公司需要进行市场调研，了解其竞争对手的薪酬水平和结构，同时也要了解潜在员工的期望和需求。例如，他们可能发现，为了吸引顶级的技术人才，他们需要提供比市场平均水平更高的基本工资；他们也可能发现，许多优秀的技术人才更看重公司未来的发展潜力，因此他们可能需要提供股票期权等长期激励。

然后，根据这些信息，公司可以开始设定其薪酬策略。他们可能会决定提供高于市场平均水平的基本工资，以吸引优秀的技术人才；同时，他们也可能会设定一个股票期权计划，以留住和激励这些人才。他们还可能设定一个绩效奖励制度，以激励员工提高工作效率和培养创新能力。

在设定了薪酬策略之后，公司还需要建立相应的政策和程序，以确保薪酬策略的有效实施。这可能包括设定薪酬审查和调整的时间表，设定绩效评价的标准和流程，以及设定股票期权的授予和行使规则。

最后，这个公司需要定期审查和调整其薪酬策略，以适应市场的变化和公司的发展。例如，随着公司的发展，他们可能需要增加更多的薪酬等级，以应对更复杂的工作角色；随着市场竞争的加剧，他们可能需要调整薪酬水平，以保持其吸引力。

总的来说，这个科技公司通过明确其薪酬策略的目标，了解市场和员工的需求，设定具体的薪酬策略，并进行有效的实施和管理，从而实现了吸引、留住优秀的技术人才，支持其核心的经营目标。

4. 职位发展体系设计

绩效管理和激励机制是推动员工个人和团队绩效提升的重要工具。领导者不仅需要明确岗位分层和参考市场薪酬，还需要建立透明的绩效评估标准和激励机制，以激发员工的积极性和创新精神。

例如，企业可以根据岗位层次设定薪酬水平，参考市场薪酬水平，并以此为中位值。针对关键技术岗位，薪酬水平可以适当高于市场水平，而对于易于替换的岗位，薪酬水平应接近市场平均水平。通过调整各岗位层级之间的薪酬差距，可以公平地提升员工的薪酬待遇，同时确保总体薪酬成本保持稳定。

在某公司，薪酬调整的目的是确保员工的薪酬与其表现和市场行情相匹配。公司采取了多种方式来进行薪酬调整，其中包括按比例加薪、绩效奖金和晋升。以下表格展示了此公司不同绩效等级员工的薪酬调整幅度：

绩效等级	薪酬调整幅度
优秀	10%
良好	6%
一般	3%
不佳	无调整

同时，某公司重视绩效考核的过程，以确保公平性和激励性。公司采用了 360 度反馈和关键绩效指标来评估员工的工作表现。以下表格展示了此公司绩效考核中使用的关键绩效指标：

关键绩效指标	描述
销售额	实际销售额与目标销售额的达成情况
客户满意度	通过调查问卷评估客户满意度
项目交付	项目按时交付的质量和效率

除了关键绩效指标，此公司还收集了来自上级、同事或下属的 360 度反馈，以提供全面的评估结果。这种综合评估有助于识别员工的优势和待改进处。下面是某员工在 360 度反馈中的得分：

维度	上级评分	同事评分	备注
沟通能力	4.5	4.0	满分为 5 分
团队合作	4.2	4.1	满分为 5 分
专业知识	4.8	4.6	满分为 5 分

通过薪酬调整和绩效考核的相互协调，此公司能够确保公平性和激励性。这种实践不仅激励了员工的表现，还为他们提供了改进和发展的机会。同时，这也对公司整体的绩效和发展产生了积极的影响。

在确定了薪酬等级差和等级幅度后，薪酬档次的划分也是一项关键任务。这样做可以使得在岗位层级不变的情况下，根据员工的能力差异为其匹配合理的薪酬，从而激励员工提升自身能力。企业可以根据其规模和薪酬策略来划分每一薪酬等级的薪档。

薪酬组合的设计也是一个重要环节，领导者需要根据企业实际情况来设计。例如，企业可以选择提供各种福利，如免费培训、证书补贴等，以进一步提升员工的能力和工作质量。在设计薪酬组合时，应根据企业实际发展情况，合理分配基本薪酬、绩效薪酬、福利薪酬的比例，以实现综合性的激励效果。

5. 组织和人才盘点

领导者需要通过塑造积极的组织文化和鼓励员工参与，来增强薪酬体系的有效性。领导者也应建立公开、公正、透明的薪酬体系，并鼓励员工参与决策过程，从而提高员工对薪酬体系的认同度。

例如，企业可以定期举办员工大会，让员工对薪酬体系进行反馈，提出改进建议。这种开放和透明的文化不仅能增强员工的参与感，也有利于提高薪酬体系的公正性和公平性。

下面图表展示了一个具有公平性和激励性的薪酬体系设计，包括基本薪酬、其他补贴、绩效奖金、短期激励、长期激励和福利六个部分。

薪酬组成	具体内容	描述
基本薪酬	固定月薪	基础收入，基于员工的职位、经验、行业薪酬标准来定
其他补贴	技术 / 地区 / 行业补贴	针对特定技术、地区或特定行业的额外补偿
绩效奖金	季度 / 年度绩效奖金	基于员工的个人绩效和公司的整体绩效来设定
短期激励	年终奖金	基于公司的年度业绩和员工的年度表现来设定
长期激励	股票期权 / 员工持股计划	对高层管理和关键员工的长期激励措施
福利	社保 / 公积金	法定的福利
	健康保险	提供给员工的医疗保险
	免费的工作餐 / 健身房 / 年假	提升员工的生活品质
	专业发展 / 培训 / 教育支持	支持员工的持续性职业发展

这个表格涵盖了一份全面的薪酬体系设计应该考虑的方面。在设计时，要考虑各种可能影响员工满意度和薪酬的因素，同时也需要考虑公司的经济状况和业务策略。

3.1.3 领导者在薪酬设计中考虑的团队因素

领导者应该在薪酬设计中考虑团队合作和协作的要素。

他们可以设立团队奖励机制，以鼓励员工之间的合作和协作，促进团队的协同效应和绩效提升。

3.1.4 领导力对薪酬体系的实施与监督

1. 沟通与变革管理

领导者在薪酬体系的实施过程中，需要与员工进行有效地沟通，并管理好变革过程。他们应该向员工清晰地解释薪酬体系的目的和原则，及时回应员工的疑问和关切，并在变革过程中及时调整和改进。

2. 监督与反馈机制

领导者需要建立监督和反馈机制，以确保薪酬体系的有效运行。他们应该定期审查和评估薪酬体系的执行情况，并向员工提供及时的反馈和支持，以提高薪酬体系的效果。

3. 持续改进与调整

领导者应该持续改进和调整薪酬体系，以满足组织和员工的需求。他们应该关注员工的反馈和建议，并及时进行改进和调整，以确保薪酬体系与时俱进。

3.1.5 领导力在薪酬体系评估中的作用

1. 薪酬体系评估的重要性

薪酬体系评估可以帮助领导者发现问题和短板，并及时采取措施进行改进，以提高薪酬体系的效果和员工满意度。

2. 领导者的角色与责任

在薪酬体系评估中，领导者扮演着关键的角色和责任。他们应该主导评估过程，确保评估的客观性和准确性。同时，领导者还需要承担改进和调整薪酬体系的责任，以优化组织的薪酬管理。

3. 领导力对薪酬体系评估结果的影响

领导者的领导力水平和决策能力将直接影响薪酬体系评估的结果。他们应该根据评估结果，及时采取相应的措施进行调整和改进，以提高薪酬体系的有效性和员工的满意度。

3.1.6 领导力发展与薪酬体系优化

1. 领导力的培养与提升

薪酬体系的设计和实施过程需要领导力的支持。强大的领导者不仅要理解组织内部的运作和外部市场环境，还要与企业各级人员进行有效地沟通，确保新的薪酬体系的顺利实施。他们应致力于自我提升，了解并掌握最新的薪酬管理理念和实践，从而为实施更公平、更具激励性、更符合组织目标的薪酬体系打下坚实的基础。

2. 领导力对薪酬体系的影响

随着组织的发展和变化，领导者需要展现出强大的领导力，推动薪酬体系的持续改进和优化。领导者通过示范行动，传达明确的价值观，鼓励公平竞争和创新，可以创建一个能够激励员工最大化发挥潜力的薪酬体系。

3. 领导力与薪酬体系优化的关系

优秀的领导者能够根据组织的具体情况，对薪酬体系进行适时的调整和优化。他们能灵活应对组织内部岗位调整、部门整合、职责权限变化等情况，同时也会考虑到组织的盈利状况，以维持和提高薪酬体系的激励效果。

3.2 领导力在薪酬体系变革中的角色

在明晰了领导力如何引领薪酬体系的构建后，我们将关注领导力在薪酬体系变革中的角色。这将为我们进一步探讨领导力在薪酬体系变革中的实践提供有力的支持。

3.2.1 领导力对薪酬体系变革的重要性

在薪酬体系变革中，领导力的重要性不可忽视。领导者在变革过程中扮演着重要的角色，他们需要发挥驱动、指导和落地的作用，以确保薪酬体系变革的成功实施。

3.2.2 领导力对薪酬体系变革的影响

1. 领导力对薪酬体系变革的驱动作用

领导者在薪酬体系变革中起驱动作用。他们能够识别和理解组织的薪酬体系存在的问题，并提出改进的方案。领导者的目标导向和决策能力能够推动薪酬体系变革的实施，并确保整个过程的顺利进行。

2. 领导力对薪酬体系变革的指导作用

领导力在薪酬体系变革中发挥着指导作用。他们通过设定明确的目标和战略，引导员工理解和支持薪酬体系变革。领导者的沟通和影响能力能够减少员工的抵触情绪，增加他们对薪酬体系变革的认同和参与度。

3. 领导力对薪酬体系变革的落地作用

领导力对薪酬体系变革的落地至关重要。领导者需要确保变革方案得到有效执行，并通过建立适当的绩效评估和激励机制，推动员工的积极参与和持续改进。

3.2.3 领导力在薪酬体系变革中的关键要素

1. 领导力的核心特质和能力

领导力的核心特质和能力包括目标导向、决策能力、沟通技巧和团队合作能力等。领导者还需要具备变革管理和战略规划的能力，以确保薪酬体系变革的成功实施。

2. 领导力的培养与发展

领导力可以通过培训和发展来提升。组织可以提供领导力培训课程，帮助领导者提升关键能力和技能。此外，领导者还可以通过参加行业研讨会和交流活动来不断学习和成长。

3. 领导力在薪酬体系变革中的应用技巧

领导力在薪酬体系变革中的应用技巧包括设定明确的目

标和期望、有效沟通、建立激励机制和绩效评估体系，以及积极引导员工的参与和反馈等。

3.2.4 领导力对薪酬体系变革的挑战与解决方案

1. 领导力在薪酬体系变革中的挑战与问题

领导力在薪酬体系变革中面临的挑战包括员工的抵触情绪、变革方案的制定和执行困难等。此外，领导者还需要应对各种不确定性和变化，以确保变革的顺利进行。

无论是革命性变革还是渐进性变革，领导力在其中都起到了不可替代的作用。革命性变革需要领导者有坚定的决心和魄力，推动全面的变革；而渐进性变革则需要领导者有耐心和细心，精细推动每一项改革措施。因此，领导力的培养和发展对于推动薪酬体系变革具有重要的意义。

在未来，随着企业的发展和经营模式的变化，领导力在薪酬体系变革中的作用将更加重要。这不仅需要领导者有高度的战略视野，能够识别和应对新的挑战和机会；还需要他们具备强大的执行力，能够落实和推动变革的实施；同时，领导者还需要具备良好的沟通能力，能够有效地引导员工理解和接受变革，共同推动薪酬体系的改革和发展。因此，领导力的提升和发展将是薪酬体系变革的重要支持和保障。

2. 领导力对薪酬体系变革的解决方案

领导力在薪酬体系变革中的解决方案包括建立变革目标和愿景、制定详细的变革计划、积极沟通和解释变革的理由和好处以及适时调整和修正变革方案。

3. 领导力对薪酬体系变革的成功案例分析

通过分析一些成功的薪酬体系变革案例，可以提取出领导力在薪酬体系变革过程中的关键要素和成功经验，为自身组织的薪酬体系变革提供借鉴和启示。

3.2.5 领导力对薪酬体系变革的评估与持续改进

1. 领导力对薪酬体系变革的评估

领导力对薪酬体系变革的评估可以通过定期的绩效评估、员工满意度调查和变革过程的反馈等方式进行。同时，可以制定一些评估指标和方法，以评估领导力在变革中的表现和成效。

2. 领导力对薪酬体系变革的持续改进与优化

领导需要持续跟进和优化薪酬体系变革。他们需要关注员工的反馈和需求，及时调整和改进变革方案，以确保薪酬体系持续适应组织的发展需求。

3. 领导力对薪酬体系变革的评估与持续改进的重要性

领导力对薪酬体系变革的评估和持续改进是确保变革取得良好效果的关键。通过评估和持续改进，组织可以了解变革的进展和效果，及时调整和优化变革方案，提高薪酬体系的适应性和有效性。

3.2.6 领导力在薪酬体系变革中的发展趋势

随着组织和工作环境的变化，领导力在薪酬体系变革中的发展趋势将会有以下几个方向：

数据驱动的决策：随着科技和数据分析技术的发展，领导者将更多地依赖数据来制定和调整薪酬策略。这不仅可以提高决策的准确性，也可以帮助领导者更好地理解和满足员工的需求。

以人为本的薪酬体系：随着员工期望的变化，领导者将更加重视以人为本的薪酬体系，包括更加公平的薪酬分配、更加灵活和个性化的薪酬组合，以及更加关注员工的职业发展和满意度。

公开透明的薪酬策略：随着人们对薪酬的公平性和透明性的需求，领导者将更加重视薪酬策略的公开透明。这不仅可以提高员工的信任度和满意度，也可以帮助领导者更好地管理和引导员工的期望。

持续学习和改进：随着组织和工作环境的不断变化，领导者需要不断学习和改进，以应对新的挑战和机会。这包括持续关注薪酬体系的效果和反馈，及时调整和优化薪酬策略，以及提升自己的领导力和管理技能。

总的来说，未来的领导者需要更加重视数据驱动的决策、以人为本的薪酬体系、公开透明的薪酬策略以及持续的学习和改进。这些趋势将有助于领导者更好地管理薪酬体系或进行薪酬体系变革，提升员工的满意度和忠诚度，从而提升组织的竞争力。

3.3 领导力在薪酬体系优化中的实践

探讨完领导力在薪酬体系变革中的角色后，我们将具体讨论领导力在薪酬体系优化中的实践。这将为我们接下来的章节，即领导力促进下的职位评价与薪酬结构，提供有益的启示。

3.3.1 领导力对薪酬体系优化的影响

领导力在薪酬体系优化中扮演着重要的角色。它对激励员工潜力以及提升他们的满意度和绩效至关重要。

1. 领导力对员工潜力激励的作用

领导力对于激励员工发挥其潜力起着关键作用。优秀的领导者能够激发员工的工作动力，并帮助他们认识到自身的重要性和价值。

2. 领导力对员工满意度的影响

领导力对员工满意度的影响不可忽视。具备良好领导力的管理者能够建立良好的工作环境，给员工提供支持和指导，使员工感到受到重视和关心。这种关注和支持能够增强员工的满意度和忠诚度，减少员工的离职率，并促进员工的持续发展。

3. 领导力对员工绩效的提升

优秀的领导力可以促进员工绩效的提升。领导者通过设定明确的绩效目标，鼓励和引导员工在工作中不断进步和提高。他们提供及时的反馈和指导，帮助员工发现并克服工作中的问题和挑战，从而最大程度地发挥员工的潜力，提升绩效水平。

3.3.2 领导力在薪酬体系优化设计中的应用

领导力在薪酬体系优化设计中的应用能够促进员工的激励和满意度，提高绩效水平。具体方式如下所示：

1. 设定明确的绩效目标

领导者在薪酬体系优化中应设定明确的绩效目标，与员工共同制定有望达成的工作目标，并提供适当的奖励和激励机制以激发员工的工作动力。

2. 提供公平和透明的薪酬结构

领导者应建立公平和透明的薪酬结构，确保员工能够理解薪酬制度，并相信自己会受到公正的对待。这有助于增强员工对组织的信任度和满意度。

3. 为员工提供发展和学习的机会

优秀的领导者应为员工提供发展和学习的机会，通过培训和发展计划，帮助员工提升技能和知识水平，以更好地适应工作需求，并为员工提供职位晋升和薪酬增长的机会。

3.3.3 领导力与薪酬体系沟通

领导力在与员工沟通薪酬体系的过程中起着重要的作用，能够增强员工对薪酬体系的理解和接受程度。

1. 建立开放和透明的沟通渠道

领导者应建立开放和透明的沟通渠道，与员工分享关于薪酬体系的信息，解答员工的疑虑和问题，并及时沟通薪酬政策和阐述决策的原因和依据。

2. 有效解释薪酬决策

领导者应有效地解释薪酬决策，向员工传达薪酬体系设计的目的和原则，使员工能够理解并接受薪酬体系。

3. 激励员工参与薪酬决策的过程

优秀的领导者能够激励员工参与薪酬决策的过程，通过员工的参与和反馈，使薪酬体系更加公正和符合员工的期望，增强员工对薪酬的认同感和满意度。

3.3.4 领导力在薪酬体系评估中的作用

领导力在薪酬体系评估中起着重要的作用，能够确保评估的公正性和客观性。

1. 树立公正和客观的评估标准

领导者应树立公正和客观的评估标准，确保薪酬体系评估不偏袒和不主观。他们应与员工共同制定评估标准，并提供必要的培训和指导，以确保评估的准确性和公正性。

2. 鼓励员工自我评估和反馈

领导者应鼓励员工进行自我评估和反馈，适时对自己的绩效进行客观的评价，并给他们提供指导和支持，以帮助员工改进和提高自身绩效。

3. 提供有效的薪酬反馈和奖励机制

领导者应提供有效的薪酬反馈和奖励机制，及时告知员工关于他们绩效的评估结果，并给予适当的奖励和激励，以鼓励员工持续提高绩效水平。

3.3.5 领导力对薪酬激励的可持续性

领导力在薪酬激励的可持续性方面起着重要的作用，能够促进员工的持续发展和组织的长期成功。

1. 建立长期激励机制

优秀的领导者应建立长期的激励机制，使员工能够在持续改进和发展的过程中得到持续的奖励和激励，从而保持高绩效水平和饱满的工作热情。

2. 鼓励员工发展和成长

领导者应鼓励员工发展和成长，为他们提供培训和发展机会，帮助员工不断提升自己的能力和技能，从而实现个人和组织的共同发展。

3. 与员工共同制定发展计划

优秀的领导者与员工共同制定发展计划，帮助员工树立和追求个人发展目标，并提供必要的支持和资源，以帮助员工实现自己的目标。

3.4 领导力对薪酬体系优化的未来展望

了解了领导力在薪酬体系优化中的实践后，此节我们将说明领导力对薪酬体系优化的未来展望。

3.4.1 数字化时代的领导力挑战与绩效评价的公正性

随着数字化时代的到来，企业的运营和管理方式发生了巨大变革。数据已成为决策的核心，领导者面临的挑战是如何确保这些数据被合理、公正地用于绩效评价。当领导者能够提供公平、透明的薪酬体系时，员工的工作积极性、满意度以及整体的组织效能都将得到显著提升。同时，数字化也为领导者提供了更为精确的工具和方法，使得绩效评价更为客观、科学。

3.4.2 个性化创新薪酬策略的崛起

随着社会的进步，员工对工作的期望不再仅限于薪酬，他们更加重视职业发展、工作环境以及与家庭生活的平衡。为了吸引和留住这些人才，领导者需要实施更为个性化的薪酬策略。这些策略须考虑到员工的不同需求，为他们提供更为丰富、多样的福利和待遇。优秀的领导者会深入了解员工的需求，对薪酬体系进行及时的调整和优化。

3.4.3 持续激励的重要性

传统的薪酬体系往往墨守成规，难以满足现代企业的需要。领导者需要思考如何在这样的体系中，为员工提供持续的激励。这可能包括提供学习和发展的机会，为员工创造更好的工作环境，以及为优秀的员工提供更多的晋升机会。持续的激励可以帮助员工维持高水平的工作积极性，对企业的长期发展起到积极作用。

3.4.4 数据驱动的决策

在数字化时代，领导者需要充分利用数据来优化薪酬体系。这不仅需要领导者对内部数据进行深入分析，还需要关注外部市场的动态，以确保薪酬体系的竞争力。此外，领导者还需要利用数据来预测未来的趋势，为企业的长期发展做好规划。

3.4.5 案例研究与薪酬体系的多方面优化

许多数字化企业，如 Google、Facebook 和 Amazon，都为员工提供了高度个性化的创新薪酬策略。这些策略旨在激励员工发挥最大的潜能，同时也反映了这些企业对创新和多样性的重视。领导者可以从这些成功的案例中学习，思考如何为自己的企业设计一个既公正又有竞争力的薪酬体系。

1. 平等与透明的薪酬体系

实施平等与透明的薪酬体系有助于提高员工的工作满意度和积极性。领导力能够通过推广公平透明的价值观，减轻员工的不满情绪，提高员工的归属感和忠诚度。这将带动员工更加积极地参与工作，从而推动企业的持续发展。

2. 灵活和多样化的薪酬组合

灵活和多样化的薪酬组合可以满足员工多样化的需求。领导者在这方面的作用在于识别并满足员工的个性化需求，从而提高员工的满意度和工作效率。这种个性化的创新薪酬策略将使得企业在人才市场上具有更强的竞争力。

3. 投资员工的职业发展

投资员工的职业发展是长期激励员工的有效方式。领导者通过提供丰富的学习和发展资源，为员工的职业发展提供支持。这不仅有助于员工的职业成长，还将进一步提升组织的整体能力和竞争优势。

4. 优化绩效管理体系

绩效管理体系的优化是薪酬体系改革的关键。领导者通过实施公平、客观的绩效评价标准，确保员工的努力能够得到公正的回报。这有助于激发员工的工作积极性和创新能力，从而推动企业的持续创新和发展。

5. 引入员工股权激励

员工股权激励能够让员工与企业的利益更加一致。领导者通过引入这一机制，使员工在企业价值的创建中获得实质性的利益。这种激励机制将有助于促进员工的主动性和创造性，提高企业的竞争力和市场份额。

6. 提供健康福利

领导者通过提供健康福利，显示出对员工的关爱和关心。这样不仅有助于提升员工的满意度和忠诚度，还能够降低员工流失率，为企业的稳定发展提供保障。

7. 实施弹性工作制度

弹性工作制度能够满足员工对工作与生活平衡的需求。领导者通过推行这一制度，为员工提供更加灵活、自由的工作环境。这将有助于提升员工的满意度和工作效率，同时也能够吸引更多的优秀人才加入。

8. 引入职业发展路径规划

职业发展路径规划有助于员工清晰地了解自己的职业发展方向。领导者在这方面的作用在于提供清晰的职业发展路径和职业发展支持，有助于员工的职业成长和发展。

9. 创建多元化和包容性的工作环境

多元化和包容性的工作环境能够激发员工的创造性和创新性。领导者需要倡导和实施这一文化，为员工提供平等、尊重和支持，从而促进组织内部的交流和合作，推动企业的发展。

10. 提供丰富的团队建设活动

团队建设活动有助于加强员工之间的沟通和合作。领导者可以通过组织丰富多彩的团队活动，增强员工之间的凝聚力和团队精神，进一步提升团队的协作效率和企业的整体竞争力。

通过这些策略，领导者能够更为全面和深入地思考如何优化薪酬体系，从而实现企业和员工的共同发展。在数字化时代，领导者需持续学习，不断创新，以应对日新月异的市场变化和员工需求，推动企业的持续成功。

PART

第四章

领导力促进下的职位评价与薪酬结构

在这一章，我们将深入讨论领导力在职位评价和薪酬结构的制定过程中的影响力和作用。首先，我们将揭示领导力在职位评价中的作用，从而提升职位评价的准确性和公正性。我们还将探讨如何从领导力视角出发设计职位等级与薪酬结构，以实现更有效的薪酬管理。之后，我们将讨论领导力如何在职位评价和薪酬结构调整中得以应用。最后，我们将列举一些领导力在职位评价和薪酬管理中的方法，以实现薪酬管理的持续优化。

4.1 领导力在职位评价中的作用

此节我们将深入探讨领导力在职位评价中的具体作用。这将为我们后续讨论职位等级与薪酬结构的领导力视角提供理论支持。

4.1.1 评估领导力的重要性

领导力是职位评价的重要组成部分，因为领导力直接关系到一个领导在工作中的表现和能力。领导力在组织中影响巨大，它能促使自己与他人实现共同目标。评估领导力的重要性体现在以下几个方面：

1. 提高员工绩效

领导力对员工绩效有着直接的影响。优秀的领导者能够激励员工充分发挥潜力，并带领团队取得优异成绩。通过评估领导力，能够识别出具有良好领导力的员工，从而为其提供相应的培训和发展机会，进一步提升员工的绩效。

2. 实现组织的战略目标

领导力与组织目标密切相关。强大的领导力能够引导团队朝着预期的目标迈进，并带领组织适应变化和挑战。通过评估领导力，可以确定哪些员工具备领导力，能够有效地推动组织实现战略目标。

4.1.2 评估领导力的方法

为了评估领导力，可以采用多种方法，包括以下几种：

1. 360 度反馈评估

通过向员工的上级、同事或下属征求意见，全面了解员工的表现。这种方法能够提供多维度的反馈，帮助评估者获得全面的了解。

2. 行为观察和记录

通过观察和记录员工在工作中展现的行为，评估其领导能力。这可以通过对员工的沟通能力、决策能力和团队合作能力等方面进行观察和记录来实现。

3. 模拟情景评估

通过模拟情景评估，评估员工在真实或虚拟情境中展现的领导能力。这种方法可以很好地模拟实际工作场景，评估员工在一些情况下的应对能力。

4.1.3 领导力评估标准

评估领导力时，可以基于以下几个标准进行评估：

1. 战略思维和决策能力

评估员工是否具备分析问题、制定战略和做出明智决策的能力。

2. 沟通和协调能力

评估员工在沟通上的表现，包括语言表达能力、倾听态度以及协调团队不同成员之间的能力。

3. 团队建设和激励能力

评估员工是否能够有效地组建和管理团队，激励团队成员发挥他们的最大潜力。

4.1.4 领导力评估结果的应用

领导力评估结果可以在以下几个方面得到应用：

1. 用于制定培训和发展计划

通过评估领导力，可以确定员工的领导力发展需求，并制定相应的培训和发展计划，帮助员工提升领导能力。

2. 用于激励和奖励制度

领导力评估结果可以作为激励和奖励制度的参考依据，对具备出色领导潜力的员工给予相应的奖励和认可，激发其持续发展和贡献。

3. 用于人才选拔和晋升决策

领导力评估结果可以作为人才选拔和晋升决策的依据，帮助组织识别具备领导潜力的员工，提供更多的发展机会。

4.1.5 领导力评估的挑战和解决方法

在进行领导力评估时，可能会面临以下挑战：

1. 主观性和偏见的影响

评估者的主观性和偏见可能会影响评估结果的准确性。为了减少这种影响，可以采用多种评估方法，多方参与评估，增加客观性。

2. 如何处理评估结果的负面情况

在评估中可能会发现员工在某些领导力方面存在不足或态度不端正的问题。在处理这些负面情况时，应采取合适的方式，提供必要的支持和培训，帮助员工改善和提升。

4.1.6 领导力评估的未来发展方向

领导力评估的未来发展方向可能包括以下几个方面：

1. 结合科技和人工智能的评估方法

利用科技和人工智能技术，开发更为准确和高效的评估工具，提升领导力评估的效果和效率。

2. 融入多元化和包容性的评估标准

领导力评估应考虑多元化和包容性，关注不同文化背景的员工对领导力的表现和需求。

通过评估领导力，组织可以更好地了解员工的领导潜力和发展需求，为员工提供相应的培训和发展机会，促进组织的成功和持续发展。领导力评估应该是一个持续不断的过程，随着时间和情境的变化进行调整和更新，以适应不断变化的组织需求。只有通过科学有效的领导力评估，组织才能更好地发挥员工的潜力，实现持续发展的目标。

4.2 职位等级与薪酬结构的领导力视角

在明确了领导力在职位评价中的作用后，我们将进一步讨论职位等级与薪酬结构的领导力视角。这将为我们探讨领导力在职位评价和薪酬结构调整中的应用打下坚实的基础。

4.2.1 领导力对职位等级的影响

领导力在职位等级的划分和决策过程中起着重要的作用。首先，领导力在评估员工的能力和潜力时能够提供指导。领导者通过观察员工的表现和能力，能够更准确地划分不同的职位等级，以确保每个员工都能够发挥其优势和才能。

其次，领导力能够对不同职位等级的员工的要求和期望有清晰的认识。不同职位等级的员工一般需要具备不同的技能和能力，领导者可以通过明确的沟通和指导，帮助员工理解他们在不同等级上所需具备的能力和表现。

另外，领导力对不同职位等级的员工的协调和沟通也起着重要的作用。领导者需要能够有效地与不同等级的员工进行沟通，并确保他们之间的工作协调和合作顺畅，以实现组织整体的目标。

4.2.2 领导力对薪酬结构的影响

领导力在薪酬结构的设计和实施中扮演着关键角色。首先，领导力对薪酬结构的设计原则有重要影响。领导者需要考虑员工的表现和贡献，以及市场竞争情况，制定公平和合理的薪酬结构，以激励员工的工作动力。

其次，领导力对薪酬差异化和激励机制的影响不可忽视。领导者可以根据员工的职位等级和表现，制定不同的薪酬结构，以激励员工在不同职位等级上的表现和发展。

4.2.3 领导力在职位等级与薪酬结构管理中的应用

领导力在职位等级与薪酬结构管理中有多种应用。首先，领导力在职位等级的划分与调整中起到重要作用。领导者可以根据员工的能力、表现和潜力，对职位等级进行评估和调整，以确保组织中的职位等级体系与人才发展相匹配。

其次，领导力在薪酬结构设计与优化中发挥着关键作用。领导者需要根据组织的战略目标和员工的贡献，设计和优化薪酬结构，以确保激励机制的有效性和公平性。

另外，领导力在职位等级与薪酬结构的沟通与解释中也至关重要。领导者需要向员工清晰地沟通职位等级和薪酬结构的原理和依据，以增加员工对组织的理解和认同。

4.2.4 领导力视角下的职位等级与薪酬结构管理的挑战

领导力视角下的职位等级与薪酬结构管理也面临一些挑

战。首先，领导者对员工定位与评估的主观性可能会影响职位等级和薪酬结构的准确性和公正性。

其次，领导者制定薪酬策略的不公平性、不准确性可能导致员工对薪酬体系的不满和异议。

另外，一些领导者视角下的职位等级与薪酬结构的灵活性和适应性也存在限制，因为它们无法在不同的情况下平衡组织和各员工不同的利益和需求。

4.2.5 领导力视角下各种职位等级与薪酬结构管理挑战的解决方案

为了应付上述挑战，可以采取以下解决方案。首先，组织应该重视领导力的发展和培养，提升领导者的能力和素质，使其能够更好地应对职位等级与薪酬结构管理中的各种挑战。

其次，加强领导力与职位等级与薪酬结构管理的衔接和协同。领导者应该与人力资源团队和组织的高管层密切合作，共同制定和实施职位等级与薪酬结构管理策略，以确保其准确性和可持续性。

另外，建立有效的领导力评估和反馈机制，可以帮助领导者更好地了解自身的领导风格和能力，从而更好地应对职位等级与薪酬结构管理的挑战。

4.2.6 领导力视角下的职位等级与薪酬结构管理的未来发展方向

未来，领导力智能化将对职位等级与薪酬结构管理产生重要影响。人工智能和大数据分析技术的应用，可以帮助领导者更准确地评估和评测员工的表现和潜力，从而更好地划分职位等级和设计薪酬结构。

此外，领导力的多样性也将对职位等级与薪酬结构管理产生影响。不同背景、经验和风格的领导者可以带来不同的视角和思维方式，从而促进职位等级与薪酬结构的创新和优化。

最后，领导者适时引领变革将成为职位等级与薪酬结构管理的一个重要方向。领导者需要适时引领组织变革，以应对不断变化的市场和组织环境，从而为职位等级与薪酬结构管理提供更好的支持和指导。

4.3 领导力在职位评价和薪酬结构调整中的应用

探讨完职位等级与薪酬结构的领导力视角后，我们将具体讨论领导力在职位评价和薪酬结构调整中的应用。

4.3.1 职位评价中的领导力衡量指标

为了准确评估职位评价中的领导力要素，可以使用一些衡量指标，例如员工满意度调查以及员工绩效评估等。这些指标可以帮助领导者确定职位评价中领导力的存在程度，从而影响薪酬结构的调整。

4.3.2 领导力对薪酬结构调整的影响

1. 领导力对薪酬定位的作用

领导力在薪酬结构调整中起到关键的作用，因为优秀的领导力往往与高绩效和高职位相关联。因此，组织可以根据员工的领导能力确定相应的薪酬定位。通过对员工的领导力进行评估，可以更准确地确定其在薪酬结构中的定级，并进行相应的薪资调整。这可以确保薪酬与员工的领导力水平相匹配。

2. 领导力对绩效奖励的影响

领导力不仅影响着薪酬定位，还会对绩效奖励产生影响。拥有优秀领导能力的员工往往能够在工作中取得更出色的成绩，因此，他们能得到更高的绩效奖励。因此领导力便可以用于薪资差异化管理，即根据员工的业绩不同，为其提供不同水平的绩效。这样可以激励员工提高工作积极性，并促使他们在工作中发挥更大的价值。

3. 领导力对晋升和激励机制的影响

领导力对晋升和激励机制也有重要影响。具备良好领导能力的员工更有可能获得晋升机会，并获得更好的待遇，这可以激发员工的积极性和创造力，帮助组织留住和发展人才，提高组织整体的绩效水平。

4.4 领导力在职位评价和薪酬管理中的一些方法应用

探讨了领导力在职位评价和薪酬结构中的应用后，此节我们将讨论领导力在职位评价和薪酬管理中的一些方法应用。

4.4.1 职位分析问卷的领导力应用

职位分析问卷通过引入领导力的因素，能确保问卷的适用性和有效性，精准地捕捉职位的核心要求。例如，在一家大型科技公司中，他们在设计职位分析问卷时便考虑到了领导力因素。问卷中询问了员工对于领导能力、决策能力和沟通能力的看法。这使得公司能更精确地洞悉哪些领导行为和特质是员工认为很重要的。这种融入领导力的策略，提高了职位评价的准确性，并助力构建更为公正、合理的薪酬制度，从而推动组织的整体发展。

4.4.2 职位评定法中的领导力动因

领导力在职位评定法中，对人才的选拔和培训产生深远的影响，推动职位的价值得到正确判定。以一家金融机构为例，他们在应用职位评定法时，通过设立明确的领导力准则来选拔和培训人才。这使得评价员能够全面理解和准确识别领导力的各个要素。通过这种方式，领导力成为了这家机构建立公正、客观薪酬体系的关键因素，也使其薪酬结构更符合市场和员工期望，从而提升了组织的竞争力。

4.4.3 因素比较法与领导力的整合

因素比较法在领导力的指导下，能够更专注于职位的关键因素和权重的判定。举例来说，一家制造企业在实施因素比较法时，特别注重领导力因素的融入。他们将决策能力、团队协作和战略规划等多个领导力因素纳入考量，以保证职位评价的全面性和客观性。这一做法不仅强化了职位价值判定的准确性，也推动了企业建立更为公正和透明的薪酬管理体系。

4.4.4 点数法在领导力培养中的角色

通过点数法结合领导力概念，可以为职位价值的量化打下坚实基础，同时对领导力的发展和成长起到积极作用。在一家跨国零售公司的实际应用中，领导力成为点数法中的一个重要因素。该公司在进行职位评价时，将领导力相关的因素，如团队管理、战略思考等，纳入点数体系，赋予适当权重。这种策略让公司更为精确地进行职位评价，同时也促使员工更加注重领导力的发展，帮助公司塑造一支高效、协作性强的团队，进一步完善薪酬体系。

4.4.5 行业比较法的领导力视角

结合领导力的行业比较法，能够使企业在确立薪酬体系时更加具有竞争力和吸引力。以一家互联网企业为例，它运用行业比较法，并从领导力的角度出发，对外部同行的薪酬策略进行深入分析。在这一过程中，公司关注了行业内领导力所需的核心能力和相关薪酬的匹配程度。这使得该公司能够制定出更具有竞争力和吸引力的薪酬策略，确保企业在激烈的市场竞争中保持领先地位，维持人才的稳定和企业的持续发展。

总之，领导力在职位评价与薪酬管理的关系中扮演了极为重要的角色。它不仅仅体现在对员工职位的准确评价中，更在于通过职位评价挑选出更加优秀、更具领导力的团队。一个能准确反映员工贡献的薪酬体系，更能激励员工追求卓越，进一步推动组织发展。因此，领导力与职业评价和薪酬管理之间的关系显得尤为重要。接下来，如何确立一个公正、合理且具有激励性的基本薪酬体系呢？领导力又是如何在这一过程中进一步发挥关键作用的呢？在下一章中，我们将转向这一主题，深入探讨领导力如何影响和塑造基本薪酬体系，并结合实际案例，探讨领导力在基本薪酬设计中的策略和实践。

5

PART

第五章

基本薪酬设计：领导力的影响与策略

本章我们将关注基本薪酬的设计，特别是领导力如何影响和指导这一过程。我们将解读领导力如何影响基本薪酬管理。我们还将深入探讨如何通过领导力去制定基本薪酬。之后，我们将详细讨论领导力在基本薪酬的调整与优化过程中的应用，以更好地激励和满足员工需求。最后，我们将讨论领导力视角下的薪酬公正与透明度。

5.1 领导力对基本薪酬管理的解读

本节我们将探讨领导力如何影响基本薪酬管理。这将为我们接下来讨论如何通过领导力制定基本薪酬提供重要的理论依据。

5.1.1 基本薪酬的定义和作用

基本薪酬是指员工在组织中工作所获得的基本报酬，它通常是按照岗位的价值、员工的能力和工作表现来确定的。

基本薪酬在激励员工、维持员工积极性和保持组织竞争力方面起到重要作用。

5.1.2 基本薪酬管理中的领导力要素

组织需要选择适当的领导力评估指标，可以包括领导者的决策能力、沟通能力、团队建设能力等。这些指标需要与组织的战略目标和价值观相一致，能够准确反映领导者的能力和表现，以确保薪酬管理的高效、合理。

5.1.3 基本薪酬管理中的领导力考核流程

1. 领导力考核流程的设计和规划

组织需要设计和规划领导力考核流程，明确考核的目标和流程，制定相关的考核标准和权重分配。

2. 领导力考核指标的制定和权重分配

领导力考核指标需要与组织的战略目标和价值观相一致，能够准确反映领导者的能力和表现。组织可以根据不同层级岗位的需求，制定相应的权重分配。

3. 领导力考核结果的反馈和调整

领导力考核结果需要及时反馈给领导者，提供相关的发展建议和改进机会。组织应根据评估结果做出相应调整，以不断优化和改进领导力评估体系。

5.1.4 基本薪酬管理中的领导力评估的挑战和应对

1. 领导力评估的主观性和不确定性

领导力评估容易受到个人主观因素的影响，评估结果可能存在一定的不确定性。组织可以通过引入多种评估方法和工具，提高评估的客观性和准确性。

2. 领导力评估的公平性和可靠性问题

领导力评估需要确保公平和可靠，避免评估结果受到个人偏见或个人的喜好影响。组织应建立科学的评估体系，通过多维度的评估来确保评估结果的准确性和可靠性。

3. 领导力评估的持续改进和优化

领导力评估是一个持续改进和优化的过程。组织应持续关注评估的效果和反馈，根据实际情况进行调整

5.2 通过领导力制定基本薪酬

在理解了领导力对基本薪酬的影响后，我们将探讨如何通过领导力制定基本薪酬。这将为我们讨论领导力在基本薪酬的调整与优化中的应用提供有力的支持。

5.2.1 建立有效的薪酬管理团队

1. 定义薪酬管理团队的角色和职责

薪酬管理团队是负责制定和执行组织薪酬策略的核心团队。他们的主要角色包括：确定薪酬目标和政策、进行市场薪酬数据分析、设计绩效评估和激励机制、监测薪酬调整的效果等。

2. 选拔具备领导力和专业知识的成员

为了确保薪酬管理团队能有效地履行其职责，选拔具备领导力和专业知识的成员非常重要。他们应具备丰富的薪酬管理的专业知识，还应具备高效的领导能力和团队协作能力。

3. 建立有效的沟通和合作机制

为了确保薪酬管理团队的工作顺利进行，建立一个有效的沟通和合作机制至关重要。这可以通过定期召开团队会议、设立沟通渠道、建立协作平台等方式实现。团队成员应积极交流和共享信息，并相互支持和配合，以促进团队合作和工作效率的提高。

5.2.2 制定明确的基本薪酬策略

1. 确定组织的基本薪酬目标和定位

确定明确的基本薪酬目标和定位是薪酬管理的首要任务。组织应根据自身的发展战略和竞争环境，确定基本薪酬的定位和相应的目标，例如吸引和留住人才、激励员工创新等。

2. 分析市场基本薪酬数据和竞争对手情况

了解市场薪酬水平和竞争对手的基本薪酬策略对于制定有效的基本薪酬策略至关重要。薪酬管理团队应进行市场基本薪酬数据的分析，了解行业和地区的基本薪酬水平，并与竞争对手进行比较和对比，以便制定合理的基本薪酬标准。

3. 制定灵活且可持续的基本薪酬政策和方案

根据组织的需求和市场情况，制定灵活且可持续的基本薪酬政策和方案。这些方案应考虑到员工的个人基本情况和岗位职责，并与组织的目标和价值观相一致。同时，基本薪酬方案应具备可持续性，能够适应组织发展的需求。

5.2.3 实施基本薪酬调整和变革管理

1. 审查和调整基本薪酬结构

薪酬管理团队应定期审查和调整基本薪酬结构，以保持其竞争力和合理性。在进行调整时，他们应考虑到员工的反馈和市场情况，并确保基本薪酬变革对组织的影响最小化。

2. 管理基本薪酬变革的风险和挑战

基本薪酬变革可能涉及一定的风险和挑战，薪酬管理团队应制定相应的计划和策略，来管理这些风险和挑战。他们应与组织其他部门进行紧密合作，确保基本薪酬变革的顺利进行。

3. 监测和评估基本薪酬调整的效果和影响

基本薪酬调整后，薪酬管理团队应对其效果和影响进行监测和评估。他们可以通过收集反馈、分析数据和进行跟踪调查等方式，来分析总结基本薪酬调整是否达到了预期的目标和效果。如果发现问题或不符合预期的目标和效果，应及时进行调整和优化。

5.3 领导力在基本薪酬的调整与优化中的应用

在明确了通过领导力制定基本薪酬后，我们将探讨领导力在基本薪酬的调整与优化中的应用。这将为我们接下来讨论领导力视角下的基本薪酬的公正性与透明度提供有益的启示。

领导者通过自身的行为和价值观示范，对组织中的员工产生影响，塑造着组织的文化氛围和价值观念。这对于组织内部的基本薪酬的调整与优化具有重要的指导意义。

5.3.1 领导力在薪酬调整中的应用

1. 基本薪酬的调整策略

基本薪酬的调整策略应该根据组织目标、市场竞争情况、员工绩效和预算状况来确定。常见的调整策略包括薪资调查、绩效评估、工作内容变化和员工要求等。

2. 基本薪酬的优化方法

基本薪酬的优化方法包括建立公平合理的薪酬体系、设立透明的薪酬决策、加强与员工的沟通、注重薪酬与绩效的关联等。通过这些方法，可以提高薪酬管理的效果和员工的满意度。

5.3.2 领导力在基本薪酬调整中的应用

1. 领导力对基本薪酬调整决策的影响

领导者的领导风格和决策能力会影响基本薪酬调整的公平性和合理性，同时也会影响员工的激励效果和绩效改善。

2. 领导力对基本薪酬调整公平性的影响

领导者应该关注基本薪酬调整的公正性，避免出现偏袒或不公平的情况。同时，领导者应该注重与员工的沟通，充分关注员工的需求和反馈。

3. 领导力在基本薪酬调整沟通和执行中的作用

领导者应该通过有效的沟通方式向员工解释基本薪酬调整的原因和依据，使员工理解和接受。同时，领导者需要确保基本薪酬调整的执行与承诺一致，增强员工对基本薪酬政策的信任。

5.3.3 领导力在基本薪酬优化中的应用

1. 领导力对基本薪酬结构设计的影响

领导者应该根据组织的战略目标和员工的需求，设计合理的基本薪酬结构，使其与组织目标和员工的岗位职责相匹配。

2. 领导力在基本薪酬激励方案制定中的作用

领导者应该制定基本薪酬激励方案，使其能够激发员工的积极性和创造力，并与组织的目标相一致。

5.3.4 基本薪酬优化中的领导力发展与培训

领导力发展与培训对于基本薪酬管理至关重要。通过领导力发展与培训，领导者可以更好地理解基本薪酬管理的原则和运用基本薪酬管理的方法，使基本薪酬管理与组织目标相一致，并能够更好地激励和培养员工。

1. 领导力发展的重要性

领导力发展对于组织的长期发展和员工的个人成长至关重要。领导力发展可以提升领导者的管理能力和决策水平，从而推动他们制定更合理、更科学的基本薪酬方案。

2. 领导力培训的内容和方法

领导力培训的内容包括领导沟通、决策能力、团队管理、变革管理等方面。培训方法可以包括课堂培训、案例研讨、实践演练等多种形式。

5.3.5 成功案例分析

某公司通过有效的领导力发展和培训，使领导者具备了良好的领导能力。在基本薪酬调整中，领导者充分考虑员工的工作表现和市场基本薪酬水平，制定了公平合理的基本薪酬政策。此外，他们还积极与员工沟通，解释基本薪酬调整的原因和影响，成功地消除了员工的疑虑和不安。因此，这次基本薪酬调整得到了员工的广泛接受和支持，也有效地提高了员工的工作满意度和忠诚度。

5.4 领导力视角下的基本薪酬的公正性与透明度

在了解了领导力在基本薪酬的调整与优化中的应用后，此节我们将讨论领导力视角下的基本薪酬的公正性和透明度。

5.4.1 基本薪酬的公正性与透明度的重要性

基本薪酬的公正性与透明度是组织稳定性和持续发展的基石。这也能增加员工对基本薪酬决策的理解和信任。在当今竞争激烈的商业环境中，这两者已成为提升员工满意度、忠诚度和生产力的决定性因素。

例如一家国际科技公司就极力推崇基本薪酬的公正性和透明度，他们定期进行基本薪酬审查，并且将基本薪酬结构和政策公之于众，使员工清晰了解基本薪酬决策的依据。这样的做法增强了员工的信任和工作满意度，有助于提升整体的工作效率和组织的竞争力。

因此，组织应该在制定基本薪酬策略和决策时，兼顾各个层面的平衡，确保所有员工都能感受到组织的公正与公平。

5.4.2 领导力在基本薪酬的公正性与透明度中的角色

领导力在促进基本薪酬的公正性与透明度方面扮演着核心角色。一方面，领导者通过制定和实施公正的基本薪酬决策，确保基本薪酬分配的公平性；另一方面，他们通过积极的沟通和信息披露，提升基本薪酬透明度，赢得员工的信任和尊重。

某金融机构的领导层，通过实施透明的基本薪酬决策和定期与员工沟通基本薪酬相关问题，成功地构建了一个公正、公平的基本薪酬体系。领导者们坚信，通过公平和透明的基本薪酬分配，可以激发员工的工作热情和创新精神，推动组织不断发展壮大。

领导者还需细致入微地考察每一位员工的需求和期望，结合组织的目标和战略，设计出能够满足多方利益相关者需求的基本薪酬体系。这需要领导者具有高度的洞察力、创新性和执行力，以确保基本薪酬体系的有效性和可持续性。

5.4.3 实际应用与策略

当我们探索领导力如何在实际应用中实现基本薪酬的公正与透明时，我们可以观察到一些优秀的策略和实践。例如，一些领导者通过构建和完善基本薪酬管理系统，将公正和透明原则融入基本薪酬决策和管理的各个环节，确保每一位员工都能够得到应有的报酬。

某消费品公司实施了一套综合的基本薪酬管理策略，该策略包括定期审查薪酬标准、进行市场薪酬调查和优化薪酬结构等。这些实际行动确保了公司的薪酬水平与市场保持竞争力，并且提升了员工对基本薪酬的公正性和透明度的感知，具体的实施过程可以分为几个步骤：

步骤一：定期审查基本薪酬标准

在此步骤中，人力资源部门会定期收集内部员工的基本薪酬数据，包括基础薪酬、奖金、福利等。这些数据会与基本薪酬标准进行比对，检查是否存在偏差。若有必要，会对基本薪酬标准进行调整，以确保薪酬的合理性和竞争性。

步骤二：进行市场基本薪酬调查

公司会定期进行市场基本薪酬调查，收集行业内同类职位的基本薪酬信息。这一步是为了了解市场上同类职位的薪酬水平，确保公司提供的基本薪酬具有市场竞争力。这通常涉及与第三方咨询公司的合作，以获取更加全面和准确的市场薪酬数据。

步骤三：优化基本薪酬结构

基于上述信息收集和数据分析，公司会逐步优化基本薪酬结构。优化的目标是提高基本薪酬的吸引力，同时确保基本薪酬结构的内部公平和外部竞争力。

步骤四：提升基本薪酬透明度

公司会努力提升基本薪酬透明度，通过清晰的基本薪酬结构，让员工了解薪酬决策的依据。这可能包括定期的基本薪酬沟通会议、基本薪酬政策的公示等。通过这些方式，公司旨在减少员工之间的猜疑和不满，增强员工的信任感和归属感。

步骤五：持续跟踪与反馈

公司会持续跟踪基本薪酬管理策略的实施效果，收集员工的反馈意见，及时发现并解决问题。这一步骤确保基本薪酬管理策略的持续优化和完善，满足员工的期望，并赢得他们的认可和支持。

这些步骤一起构成了该消费品公司综合的基本薪酬管理策略的实施过程，确保了公司的基本薪酬竞争力，并促进了员工对基本薪酬的公正性和透明度的认知。

同时，领导者还需展现出卓越的沟通能力，与员工开展多方位的对话，及时解答员工的疑虑和关切，以加深员工对于基本薪酬决策的理解，从而赢得员工的信任和支持。

推进基本薪酬的公正性与透明度无疑会遇到许多挑战。这其中，如何平衡不同层级、不同岗位员工的基本薪酬需求，如何维护基本薪酬体系的竞争力，以及如何处理基本薪酬信息披露带来的潜在问题，都是领导者需要深思的问题。

第六章
绩效薪酬的领导力原则与实践

本章将专注于领导力在绩效薪酬设计和实施中的原则和实践。首先，我们将揭示领导力与绩效工资、奖金的关联。然后，我们将讲解如何以领导力为核心进行绩效薪酬设计。之后，我们将提供实现高绩效薪酬的领导力方法。最后，我们将讨论领导力在绩效评估与反馈中的作用。

6.1 领导力与绩效工资、奖金的关联

此节我们将研究绩效薪酬的领导力原则与实践。首先，我们将探讨领导力与绩效工资、奖金的关联，为后续探讨以领导力为核心的绩效薪酬设计提供理论基础。

6.1.1 领导力对绩效工资的影响

绩效工资，一种基于员工个人或团队工作绩效的薪酬方式，其实施效果往往与领导力密切相关。对于公司来说，领导力不仅影响员工的工作态度，还对员工的绩效工资产生深远的影响。强大的领导力不仅可以有效驱动员工提高工作效率，同时也可以确保员工的绩效工资的公平性和透明性，进而增强员工的工作满意度。

1. 领导力对员工的绩效工资影响的具体表现

领导力对员工的绩效工资的影响主要通过领导者的管理技能、沟通能力、决策能力和团队合作能力等方面产生作用。具体如下：

管理技能：领导者的管理技能对员工的工作绩效有直接的影响。强大的领导者能够有效管理资源，分配任务，确保团队运行的高效性。同时，他们还能有效地调解冲突，化解问题，使员工在工作中避免不必要的阻力。良好的管理能力

可以帮助领导者正确评估员工的工作绩效，以确保绩效工资的准确性和公平性。

沟通能力：领导者的沟通能力直接影响员工的工作满意度和绩效。优秀的领导者擅长清晰地传达信息，能够解释公司的目标和期望，从而使员工明确知晓他们的工作要求。他们能够倾听员工的意见和建议，及时处理员工的疑虑和问题，这有助于建立良好的工作氛围，提高员工的工作积极性，从而提升工作绩效。

决策能力：领导者的决策能力对员工的工作绩效也有重要影响，能够做出明智决策的领导者能帮助团队避免错误，减少资源的浪费，从而提高工作效率。同时，他们在制定绩效工资方案时，能够考虑到各方面的因素，做出公平和公正的决策，这对维护员工的工作积极性和认同感非常重要。

团队合作能力：领导者的团队合作能力对员工的工作绩效也有显著影响。优秀的领导者能够协调团队成员，促进团队合作，共同达成目标。在这种环境中，员工更容易达到或超越他们的绩效目标，从而提高绩效工资。

2. 领导力与员工绩效的关系

研究表明，领导力与员工绩效之间存在密切的正向关系。优秀的领导者能够有效地激励员工，提升员工的工作动力和工作质量，从而提高员工的绩效水平。

3. 领导力对绩效工资的影响因素

领导力对绩效工资的影响主要受以下因素的影响：

目标设定：领导者通过设定明确的目标和指标，帮助员工更好地理解工作要求，从而更好地实现绩效工资的提升。

激励能力：领导者通过有效的激励方法，鼓励员工不懈奋斗从而提高员工的绩效工资水平。

绩效评估：领导者在绩效评估中能够公正、客观地评估员工的工作表现，确保绩效工资的公平性和准确性。

综上所述，领导力对员工的绩效工资有着显著的影响。一个具有强大领导力的领导者能够通过他们的管理技能、沟通能力、决策能力和团队合作能力，提升员工的工作绩效，从而提高绩效工资。然而，要实现这一目标，领导者需要具备明确的目标设定、良好的激励能力和公正的绩效评估能力。

6.1.2 领导力对奖金的影响

1. 奖金制度与领导力的关系

奖金制度是指组织为了激励员工，在员工达到一定绩效水平时给予额外奖励的一种制度。领导力与奖金制度紧密相关，优秀的领导者能够通过奖金制度激发员工的积极性和创造力。

2. 领导力对奖金分配的影响

领导力对奖金分配起着重要作用。优秀的领导者能够根据员工的工作贡献和绩效水平合理分配奖金，激励员工更加努力地工作，推动组织的发展。

3. 领导力对奖金激励效果的影响

领导力对奖金激励效果有着显著影响。优秀的领导者能够充分了解员工的奖金需求，设计出符合员工期望的奖金激励方案，从而增强奖金的激励效果。

6.1.3 领导力在奖金制度中的应用

1. 领导力在奖金制度中的重要作用

在商业环境中，领导力和奖金制度是两个互为影响、互为促进的重要因素。领导力是指一种引领并激励他人实现组织目标的能力，而奖金制度则是组织为了激励员工、提高员工工作效率和创造优秀成果而设置的一种奖励方式。领导力能够有效地影响奖金制度的设计、实施和效果，从而对员工的行为和绩效产生深远影响。

优秀的领导者懂得如何利用奖金制度，以激发员工的工作热情和创新精神，从而达成组织的目标。

领导力在奖金制度的设计和实施中起着至关重要的作用。领导者需要理解员工的需求和期望，以此为基础来设计和实施奖金制度。他们需要确保奖金制度的公平性和合理性，以增强员工的满意度和工作动力。同时，领导者还需要清晰地向员工传达奖金制度的规则，以确保员工了解如何才能获得奖金。

2. 领导力在绩效工资和奖金权衡中的作用

领导力在绩效工资和奖金权衡中扮演着重要角色。优秀的领导者能够根据员工的贡献和表现，合理地决定绩效工资和奖金的比例，从而平衡员工的长期激励和短期激励。

领导者的决策能力在绩效工资和奖金分配过程中尤为重要。他们需要做出公正的决策，避免偏袒或歧视，这对于维护员工的工作动力和满意度至关重要。同时，他们还需要展现出足够的沟通能力，清晰地向员工解释绩效工资和奖金分配的规则和原因，以消除员工的疑虑和不满。

领导力对绩效工资和奖金激励效果的影响也不容忽视。一个具有强大领导力的领导者能够了解员工的需求和期望，设计出符合员工期望的绩效工资和奖金激励方案，从而有效地提高绩效工资和奖金的激励效果。

这需要领导者具备深入了解员工的能力，以确定最能激励员工的绩效工资和奖金方案。同时，他们还需要展现出足够的决策能力和沟通能力，以确保绩效工资和奖金方案的实施和员工对绩效工资和奖金方案的理解和接受。

3. 如何平衡领导力、绩效工资和奖金的关系

为了平衡领导力、绩效工资和奖金的关系，组织可以采取以下措施：

在组织中平衡领导力、绩效工资和奖金的关系，是一项复杂而重要的任务。下面是一些可参考的策略：

公正和透明的绩效评估机制：领导者需要确保绩效评估过程公正、客观且透明。员工应当明确知道他们的绩效是如何评估的，以及绩效如何影响他们的工资和奖金。公正和透明的评估机制可以增强员工对领导者的信任，提高员工的工

作满意度和效率。

合理的奖金制度：领导者应当设计出一个能够反映员工工作量和工作质量的奖金制度。奖金制度应当既要激励高绩效员工，也要考虑到低绩效员工的需求和期望。一个合理的奖金制度可以激励所有员工提高工作效率和质量，推动组织的发展。

有效的领导策略：领导者应当展现出一种能够激励员工、提高员工工作满意度和效率的领导策略。这种策略可以包括有效的沟通、公正的决策等。一个有效的领导策略可以提高员工的工作效率和质量，从而提高组织的整体效率和质量。

持续的反馈和改进：领导者应当定期收集员工的反馈，了解他们对绩效工资和奖金制度的看法和期望。领导者应当根据反馈进行必要的改进，以确保绩效工资和奖金制度能够满足员工的需求和期望。

通过这些策略，领导者可以在组织中平衡领导力、绩效工资和奖金的关系，从而创建出一个高效、满意度高的工作环境。

6.1.4 领导力与绩效工资、奖金的实际应用

以华为为例，华为公司的领导力在绩效工资和奖金的制定中起着核心的作用，其实践中也展示出了领导力、绩效工资和奖金之间的平衡。

华为以其强大的创新力和高效的员工管理能力闻名于

世。该公司的领导者们高度重视员工的创新能力和工作贡献，制定了一套公平、公正、激励性强的绩效工资制度和奖金制度。

首先，华为的绩效工资制度非常注重员工的个人贡献和工作成果。员工的工资水平在很大程度上取决于他们的工作表现和创新成果。这种制度激励了员工提高工作效率和创新能力，促进了公司的发展。

其次，华为的奖金制度是基于员工的绩效和贡献来分配的。领导者们会根据员工的工作绩效和贡献来确定他们的奖金水平，这种制度激发了员工的工作积极性和创新精神。

在这个过程中，华为的领导者们扮演着关键的角色。他们通过有效的沟通和管理策略，确保了绩效工资和奖金制度的公正性和激励性。他们还通过收集员工的反馈，不断改进和调整制度，以满足员工的需求和期望。

在华为的例子中，我们可以看到领导力、绩效工资和奖金的有效结合，可以提高员工的工作效率和满意度，推动公司的发展。

6.1.5 领导力与绩效工资、奖金的科学搭配

1. 建立有效的绩效评估体系

组织应该建立科学、公正、客观的绩效评估体系，确保评估结果与员工的工作表现相符，从而保证绩效工资和奖金的公平性。

2. 培养和发展领导力

组织应该注重领导力的培养和发展，通过领导力培训和发展计划，提升领导者的管理能力和影响力，从而更好地激励员工争取高绩效、高奖金。

3. 设计合理的绩效工资和奖金制度

组织应该根据员工的激励需求和组织目标，设计合理的绩效工资和奖金制度。例如，可以采用个人奖金、团队奖金和组织奖金等多层次的奖励机制，提供不同形式的激励。

6.1.6 领导力在绩效工资与奖金中的新趋势

未来，领导力在绩效工资与奖金中的作用将更加凸显。领导者需要具备更多的软技能，如情商，以便更有效地激励员工并管理绩效。此外，领导者需要更好地理解和运用数据，以便做出更科学、公正的绩效评估和薪酬决策。

6.2 以领导力为核心的绩效薪酬设计

在明确了领导力与绩效工资、奖金的关联后，我们将进一步讨论以领导力为核心的绩效薪酬设计。这将为我们后续讨论实现高绩效薪酬的领导力方法提供理论支持。

6.2.1 绩效薪酬与领导力对齐

1. 设计符合领导力要求的绩效评估体系

为了实现绩效薪酬与领导力的有效对齐，组织需要设计符合领导力要求的绩效评估体系。该体系应综合考虑领导者在目标达成、团队管理、决策能力等方面的表现，确保评估结果客观、公正。

2. 领导力对绩效评估的权重和影响

在绩效评估过程中，应根据不同岗位的特点和要求，合理设置领导力在绩效评估中的权重。对于领导者岗位，领导力因素的权重应较高，以便更准确地反映领导者对团队绩效的影响。

3. 领导力与绩效薪酬激励的关联性

绩效薪酬激励应与领导力表现紧密相关。组织可以根据领导者的绩效评估结果，给予相应的绩效薪酬奖励，如绩效奖金、晋升机会等。这种关联性可以激励领导者积极发挥领导作用，带领团队取得良好的业绩。

6.2.2 基于领导力的绩效奖励制度

1. 基于领导力的绩效薪酬激励机制

基于领导力的绩效薪酬奖励制度应根据领导者的表现和贡献，给予相应的绩效薪酬激励。这可以包括绩效奖金、股权激励等。通过设立明确的奖励机制，可以激励领导者不断提升领导能力和绩效水平。

2. 领导力对绩效奖励的指导原则

在设立领导力绩效奖励制度时，需要遵循一些指导原则。例如，奖励应与绩效直接相关，公平公正地分配奖励，鼓励领导者在长期发展和组织目标实现方面作出突出贡献。

6.2.3 领导力与绩效薪酬的沟通与管理

1. 向员工沟通领导力对绩效薪酬的重要性

组织应向员工清晰地沟通领导力对绩效薪酬的重要性。这可以通过会议、培训和内部沟通渠道等途径实现。向员工传达领导力对个人绩效和整个团队绩效的影响，可以激发员工发展领导力的积极性。

2. 领导力与绩效薪酬的管理和监督

组织应建立有效的管理和监督机制，确保领导力与绩效薪酬的有效衔接。这包括制定明确的考核标准和评估流程，建立绩效管理体系，定期进行评估和反馈，以及及时调整绩效薪酬政策和计划。

6.3 实现高绩效薪酬的领导力方法

在深入了解了以领导力为核心的绩效薪酬设计后，我们将讨论如何实现高绩效薪酬的领导力方法。

6.3.1 设定明确的目标和预期

领导力在各个方面都起着至关重要的作用，而在所有领导任务中，明确并传达组织的战略目标和价值观是最重要的一项。组织目标不仅决定了组织的发展方向，也为员工设定了清晰的工作目标和期望。

组织目标是指组织希望通过其经营活动实现的结果。它们为组织的行为提供了方向和目的。通过明确的目标设定，组织可以更好地发展和利用所需资源，提高效率和效果。

同时，明确的组织目标对员工也有重要意义。他们为员工提供了清晰的工作期望，帮助他们了解自己的工作对组织的重要性，并激发他们的积极性和主动性。

在实现高绩效薪酬的领导力方法中，设定明确的目标和预期是至关重要的。以下是实现这个明确的目标和预期的几个关键方面：

1. 设定具体、可衡量的目标

为了确保员工绩效的可衡量性，目标应该被具体化或量化。使用 SMART（具体、可衡量、可实现、相关、时间限制）目标设定原则，确保目标是明确的，并且可以直接与绩效结果联系起来。

2. 明确员工绩效预期

明确员工绩效预期是确保员工理解其角色和职责的关键。领导者应与每个员工讨论他们的绩效预期，并确保他们了解与其匹配的表现水平。

3. 提供可衡量的绩效指标

为了帮助员工了解他们的绩效表现，必须提供可衡量的绩效指标。这些指标可以是定量的，如销售额或客户满意度，也可以是定性的，如团队合作能力或创新性思维。

6.3.2 提供及时和定期的反馈

及时和定期的反馈对于提高员工绩效至关重要。以下是实现这一目标的几个方法：

1. 及时称赞和表扬员工的优秀表现

领导者应该及时称赞和表扬员工的优秀表现，以鼓励他们继续努力。这可以通过公开表扬、奖励或简单的口头称赞来实现。

2. 提供准确和具体的反馈

领导者应该提供准确和具体的反馈，帮助员工了解他们的绩效表现，以及如何改进。这包括指出他们的优点和改进的方面，并提供实际的建议和支持。

3. 定期进行绩效评估和回顾

定期进行绩效评估和回顾是确保员工绩效保持在正确轨道上的关键。领导者应与员工定期进行绩效评估会议，讨论他们的绩效并制定改进计划。

6.3.3 建立有效的激励机制

建立有效的激励机制可以激发员工的动力并提高他们的

绩效。以下是实现这一目标的两个方法：

1. 基于绩效结果提供差异化的奖励

根据员工的绩效结果，领导者应提供差异化的奖励。这可以是薪资调整、奖金、晋升机会或其他形式的奖励，以确保员工的绩效得到公正的认可和回报。

2. 设计激励计划以激发员工的动力

领导者可以设计激励计划，以提高员工的动力和绩效。这可以包括团队竞赛、绩效奖励计划或其他形式的激励机制，以激发员工的积极性和努力。

6.3.4 培养和发展员工

培养和发展员工是提高绩效的关键。以下是来实现这一目标的三个方法：

1. 提供培训和发展机会

领导者应提供培训和发展机会，以帮助员工提升其技能和知识。这可以包括内部培训课程、外部培训机会或网络课程。

2. 激励员工自主学习和成长

领导者应鼓励员工进行自主学习和成长。这可以通过提供学习资源、培训补贴或奖励自主学习行为来实现。

3. 与员工制定个人发展计划

领导者应与员工合作制定个人发展计划，帮助他们明确目标并制定实现这些目标的步骤和行动计划。

6.3.5 建立良好的沟通和合作氛围

建立良好的沟通和合作氛围可以促进团队协作，提高绩效。以下是实现这一目标的三个方法。

1. 建立开放和透明的沟通渠道

领导者应建立开放和透明的沟通渠道，鼓励员工分享想法、提出问题和解决困难。这可以包括开展定期团队会议或一对一沟通、开通员工反馈渠道。

2. 鼓励团队合作和协作精神

领导者应鼓励团队合作和协作精神，以提高绩效。这可以通过促进团队合作项目、设立共同目标或奖励团队成果来实现。

3. 营造积极的工作氛围

领导者应营造积极的工作氛围，鼓励员工积极向上和发挥他们的潜力。这可以通过提供支持、认可员工贡献和建立积极的团队文化来实现。

6.3.6 持续改进绩效管理系统

持续改进绩效管理系统是确保绩效管理的有效性的关键。以下是实现这一目标的三个方法：

首先，定期评估和优化绩效管理流程是持续改进绩效管理系统的重要步骤。领导者应该定期对绩效管理流程进行评估，确保其与组织目标和员工需求保持一致。这可能包括对流程中的瓶颈和问题进行识别和改进，更新和优化技术工具的使用，以提高工作效率和准确性。此外，领导者还应该将员工的反馈和建议纳入考虑范围，通过员工参与和反馈的整合，不断完善绩效管理流程，使其更加适应实际需求。

其次，结合员工反馈改进绩效管理策略也是持续改进绩效管理系统的关键。领导者应该积极收集员工的反馈和意见，通过员工调查、反馈会议或定期沟通等方式了解员工对绩效管理策略的看法和建议。基于员工的反馈，领导者可以及时调整和改进绩效管理策略，以提高其有效性和可接受性。员工参与的程度越高，他们对绩效管理的认可度和参与度就越高，从而增强绩效管理的有效性。

最后，领导者应不断适应和应对变化的需求，确保绩效管理系统与时俱进。随着时间的推移，组织的发展和外部环境的变化可能导致绩效管理需求的变化。领导者应保持绩效管理系统的灵活性，及时调整以适应新的业务需求或市场条件。这可能涉及调整目标和指标的设定，更新奖励机制，以确保绩效管理系统能够对新的挑战做出积极应对。通过持续改进，绩效管理系统能够保持与组织目标的一致性，更好地促进员工的绩效提升和发展。

综上所述，通过这些方法的实施，领导者能够建立一个高效的绩效薪酬管理体系，激发员工的工作动力，提升绩效管理的效果，实现组织的长期成功。

6.4 领导力在绩效评估与反馈中的作用

在探索了实现高绩效薪酬的领导力方法后，我们将详细探讨领导力在绩效评估与反馈中的作用。这将为我们接下来的章节探讨领导力的作用在福利薪酬规划中的体现提供有益的启示。

6.4.1 领导力对绩效评估的影响

领导力在绩效评估中起着重要的作用。优秀的领导者能够提供准确和客观的绩效反馈，帮助员工了解自己的工作表现，并提供改进的建议。他们能够与员工进行有意义的讨论，识别出员工的优点和待提高的方面。领导者还能够帮助员工制定明确的目标，并提供必要的支持和资源，以确保员工在绩效评估中能够取得优异的成绩。

6.4.2 领导力在绩效反馈中的作用

1. 绩效反馈的定义和重要性

绩效反馈是指领导向员工提供关于其工作表现的信息，包括赞扬、建议和改进的意见。绩效反馈对于员工的成长和发展非常重要，它能够帮助员工了解自己的工作表现，并明确改进的方向。

2. 领导力对绩效反馈的影响

优秀的领导者能够提供及时和准确的绩效反馈。他们能够针对员工的优点和待提高的方面，并以积极的方式与员工进行沟通。领导者也能够针对员工的具体情况提供个性化的反馈，帮助员工更好地理解自己的工作表现，并制定改进的计划。

6.4.3 领导力与绩效评估的关键要素

1. 目标设定和沟通

优秀的领导者能够设定明确的绩效目标，并将其有效地传达给员工。他们能够与员工进行沟通，确保员工理解目标的重要性以及如何实现这些目标。

2. 衡量指标的选择与设计

领导者在绩效评估中需要选择合适的衡量指标，以评估员工的工作表现。这些指标应该与组织的目标和员工的职责相匹配，并能够客观地反映员工的工作质量和绩效水平。

3. 绩效评估的公正性与客观性

领导者在绩效评估中需要公正和客观地对待每个员工。他们应该根据实际工作表现来评估员工，而不受个人喜好或偏见的影响。领导者还应该遵守公平的评估程序，并确保评估结果的透明和可信度。

6.4.4 领导力与绩效反馈的关键要素

1. 个性化和有效的沟通

领导者在绩效反馈中需要采用个性化和有效的沟通方式。他们应该根据员工的喜好和特点，采用适当的沟通方式，确保员工能够理解和接受反馈。领导者还应该关注沟通的效果，并及时调整自己的沟通策略。

2. 激励与发展员工的能力

优秀的领导者能够激励员工提高绩效，并帮助他们发展自己的能力。他们能够识别员工的潜力，并提供必要的支持和资源。领导者还能够为员工制定个人发展计划，并提供培训和发展的机会。

6.4.5 领导力在不同层级的绩效评估与反馈中的差异

1. 领导力在高级管理层绩效评估与反馈中的作用

在高级管理层，领导力对绩效评估和反馈的影响更为明显。优秀的领导者能够设定战略目标，并将其传达给下属，确保组织的整体绩效得到改善。他们能够提供高层次的反馈，并帮助高级管理层发展领导能力和战略思维。

2. 领导力在中级管理层绩效评估与反馈中的作用

在中级管理层，领导力对绩效评估和反馈的影响同样重要。优秀的领导者能够协调不同部门和团队的工作，确保组织的目标得到有效实施。他们能够向下属提供及时和准确的反馈，并支持他们实现个人和团队的绩效目标。

3. 领导力在基层员工绩效评估与反馈中的作用

领导力在基层员工绩效评估与反馈中的作用主要体现在指导、激励和支持基层员工的日常工作。优秀的领导者可以提供具体、明确的反馈，帮助基层员工理解他们的职责，识别工作中的问题，并找到改进的方法。他们还可以提供激励和支持，鼓励基层员工提高工作绩效，满足组织的期望。

7 PART

第七章

领导力的作用在福利薪酬规划中的体现

在这一章，我们将重点探讨领导力在福利薪酬规划中的重要作用。首先，我们将深入讨论领导力如何影响福利薪酬的规划，接着将阐述领导力视角下的福利薪酬管理体系。最后，我们还将讨论如何利用领导力来制定有效的年度福利计划，以满足员工的需求和支持组织的目标。

7.1 领导力在福利薪酬规划中的影响

在理解了领导力在绩效薪酬中的原则与实践后，我们将研究领导力如何在福利薪酬规划中发挥影响。这能为后续讨论领导力视角下的福利薪酬管理体系提供理论基础。

7.1.1 员工福利的定义、功能与类型划分

1. 员工福利的定义

员工福利是企业为员工提供的各种经济和非经济待遇，包括法定福利和非法定福利，现金和非现金福利，短期和长期福利，内部和外部福利，个体福利和集体福利等。

2. 员工福利的功能

员工福利的功能是满足员工的经济和非经济需求，提高员工的工作满意度和忠诚度；吸引和留住优秀人才，激励员工的工作动力和创造力；增强企业的竞争力，促进员工的发展和企业的长期发展。

3. 员工福利的类型划分

a. 法定福利

法定福利的定义和类型

法定福利是根据国家法律和政策规定的对员工的基本保障，包括社会保险、工伤保险、失业保险、医疗保险和养老

保险等。

b. 非法定福利

非法定福利的定义和类型

非法定福利是企业自愿为员工提供的各种经济和非经济待遇，例如员工疗养、健康保健、培训发展、节假日福利等。这些福利旨在提高员工的工作满意度和忠诚度。

c. 现金和非现金福利

现金和非现金福利的定义：现金福利是以货币形式直接支付给员工的福利，例如奖金、津贴、补贴、购物卡等；非现金福利是以实物或服务形式提供给员工的福利，例如节日礼品、员工宿舍、员工餐厅、员工健身房等。

各自的优缺点和适用情况：现金福利的优点是灵活性高，员工可以根据自己的需求自由支配；非现金福利的优点是能提供更特别的员工福利体验。适用情况因企业特点和员工需求而异。

d. 短期福利和长期福利

短期福利和长期福利的定义

短期福利是指员工即时获得的福利，例如奖金、津贴、补贴、购物卡等；长期福利是指员工在较长时间内享受的福利，例如养老金、公积金、住房补贴、年假等。

各自的优缺点和适用情况：短期福利能够及时激励员工，增加工作动力；长期福利能够持续满足员工的需求，增强员工的忠诚度。适用情况因企业特点和员工需求而异。

e. 内部和外部福利

内部和外部福利的定义：内部福利是指由企业直接提供的福利，例如员工培训、职业发展等；外部福利是指由企业通过合作伙伴提供的福利，例如员工购物优惠、旅游优惠等。

对企业和员工的影响：内部福利能够提高员工的工作满意度和忠诚度，促进员工的发展；外部福利能够增加员工的福利选择，提高员工的生活质量。

f. 个体福利和集体福利

个体福利和集体福利的定义：个体福利是指根据员工个人需求提供的福利，例如个人培训、个人奖金、带薪休假等；集体福利是指根据员工集体需求提供的福利，例如团队建设、团队奖金等。

各自的优缺点和适用情况：个体福利能够满足员工个人需求，增强员工的满意度；集体福利能够促进团队合作，增加团队凝聚力。适用情况因企业特点和员工需求而异。

4. 福利设计的原则和方法

设计员工福利计划时应遵循的原则：设计员工福利计划时应遵循公平、合理、灵活、可持续的原则，充分考虑员工需求和企业资源，确保福利计划的有效实施。

一些设计福利计划的有效方法：设计福利计划时可以采用调研员工需求、制定福利方案、建立福利管理制度等方法，确保福利计划的科学性和可操作性。

5. 员工福利的现状和未来趋势

当前员工福利的现状：当前员工福利在不同企业中存在差异，一些企业注重提供全面多样的福利，而一些企业则只提供法定福利。员工对福利的需求也在不断变化，对非经济福利的需求逐渐增加。

未来员工福利的发展趋势：未来员工福利将更加注重个性化和多样化，企业需满足员工多样化的需求；同时，福利与企业文化、价值观的结合将更加紧密，企业需更加关注员工幸福感和工作满意度。

综上所述，在未来，应注重个性化和多样化的福利设计，加强福利薪酬与企业文化的结合，以提高员工的工作满意度和忠诚度，促进企业的长期发展。同时，为员工提供合理的福利计划和福利管理制度，确保福利薪酬的有效实施。

7.1.2 企业福利薪酬体系的构建

在现代企业中，人力资源已经成为推动企业发展的重要动力。其中，企业福利薪酬体系作为吸引和留住优秀人才的重要手段，对于提升员工满意度和忠诚度，从而提高企业的整体绩效具有关键作用。一套科学、公平且具有竞争力的福利薪酬体系，能够吸引并留住优秀的人才，提高员工的满意度和忠诚度，从而提高企业的整体绩效。接下来，将就如何构建和实施企业福利薪酬体系进行详细讨论。

1. 企业福利薪酬体系的基本概念

企业福利薪酬体系是一种综合考虑员工的劳动付出、工作表现、工作满意度及企业经济效益等因素，以实现企业战略目标和员工需求平衡的福利薪酬管理模式。对于企业来说，构建一个有效的福利薪酬体系，需要对这些要素进行深入的理解和科学的组合。

2. 企业福利薪酬体系的设计步骤

企业福利薪酬体系的设计步骤主要分为以下几个方面：

a. 明确福利薪酬体系的目标和原则

企业在设计福利薪酬体系之前，需要首先明确福利薪酬体系的目标和原则。这包括支持企业战略目标的实现，满足员工的主要需求，提供公平和有竞争力的福利薪酬，以及保证福利薪酬体系的可持续性和灵活性等。这些目标和原则将指导企业在后续的设计和实施过程中的所有决策。

b. 进行福利薪酬市场调研

企业需要对市场上的福利薪酬水平有一个清晰的认识，这需要企业进行福利薪酬市场调研。企业可以通过各种途径收集市场上同类岗位的福利薪酬信息，然后对这些信息进行分析，以确定企业的福利薪酬水平是否具有竞争力，是否能吸引和留住人才。

c. 制定福利薪酬方案

根据市场调研结果和企业战略目标，企业需要制定出科学的福利薪酬方案。这包括确定各类岗位的福利薪酬范围，设定提升福利薪酬的条件和途径，以及设定各类福利薪酬的标准等。在制定方案时，企业需要考虑到福利薪酬公平性和竞争力，以及企业的财务能力和长期发展需求。

d. 设计福利薪酬体系结构

企业福利薪酬体系的结构需要考虑多个福利类型，企业需要根据自身情况和员工需求，科学地组合这些类型，以满足企业和员工的各类需求。

e. 制定福利薪酬体系的实施方案

在制定福利薪酬体系的实施方案时，企业需要明确福利薪酬的分配方式，设定福利薪酬的调整机制，以及设定福利薪酬的审查和评估机制等。企业还需要确保所有员工都能清晰地理解福利薪酬体系，接受福利薪酬政策，这需要企业进行有效的沟通和宣传。

f. 企业福利薪酬体系的实施与维护

成功实施和维护企业福利薪酬体系需要建立公正公开的福利薪酬决策机制，保证福利薪酬的公平性和透明性；同时要定期进行福利薪酬的审查和调整，以适应市场和组织变化，维持其竞争力。在这个过程中，福利薪酬沟通是非常重要的一环，企业需要通过各种方式，让员工了解福利薪酬方案，理解福利薪酬决策的原则和依据，消除他们的疑虑和不满。

3. 企业福利薪酬体系面临的挑战与对策

在构建福利薪酬体系过程中，企业可能会遇到如何保证福利薪酬公平性、如何保持福利薪酬竞争力、如何平衡企业成本等挑战。对此，企业需要制定科学的福利薪酬方案，进行定期的市场福利薪酬调研，以及提供多样化的福利薪酬，以满足员工的不同需求。

总的来说，构建和维护有效的企业福利薪酬体系对于企业吸引和留住优秀人才，提高员工满意度，以及实现企业战略目标具有至关重要的作用。在这个过程中，企业需要科学地管理福利薪酬，持续优化福利薪酬体系，以适应不断变化的市场环境和员工需求。尽管在实践中可能会遇到诸多挑战，但只要我们坚持以人为本，关注员工需求，我们就能构建一套既符合企业战略目标，又能满足员工需求的福利薪酬体系。

7.1.3 领导力对福利薪酬变革与沟通的影响

1. 领导力对福利薪酬变革的驱动力和支持力度的影响

领导力对福利薪酬变革具有驱动力和支持力度的影响。优秀的领导者能确定福利薪酬变革的方向，并提供资源和支持，以推动福利薪酬变革的实施。

2. 领导力在福利薪酬变革过程中的沟通与解释的影响

领导力在福利薪酬变革过程中的沟通与解释也具有重要影响。领导者需要及时和透明地沟通福利薪酬变革的目的和过程，并解释福利薪酬变革对员工的影响，以减少不确定性和阻力。

3. 领导力对福利薪酬变革的可持续性和成功度的影响

领导力对福利薪酬变革的可持续性和成功度具有重要影响力。领导者需要持续关注福利薪酬变革的执行情况，并及时调整策略和措施，以确保福利薪酬变革的可持续性和成功度。

7.1.4 领导力在福利薪酬管理中的作用

1. 领导力在福利薪酬管理中的示范作用和价值观的影响

领导力在福利薪酬管理中具有示范作用和价值观的影响。领导者需要以身作则，展示公正、透明的福利薪酬管理行为，并树立正确的价值观，以影响员工的行为和态度。

2. 领导力对福利薪酬方案执行的影响

领导力对福利薪酬方案执行具有重要影响力。领导者需要确保福利薪酬方案的执行符合公平、公正的原则，并采取措施监督和评估执行效果。

3. 领导力对福利薪酬管理结果和业绩的影响

领导力对福利薪酬管理结果和业绩具有重要影响力。领导者需要关注福利薪酬管理的结果和业绩，并及时调整策略和措施，以提高福利薪酬管理的效果和组织绩效。

7.2 领导力视角下的福利薪酬管理体系

在理解了领导力在福利薪酬规划中的影响后，我们将从领导力视角探讨福利薪酬管理体系。这将为我们后续讨论制定年度福利计划的领导力策略提供重要的理论支撑。

7.2.1 福利薪酬管理体系概述

福利薪酬管理在组织中扮演着至关重要的角色，它涉及员工的福利待遇和奖励体系等。在不同的组织中，福利薪酬管理的定义可能有所差异，但总体而言，福利薪酬管理旨在通过提供适当的福利和奖励，激励和满足员工，增强员工的工作动力和满意度，从而提升组织的绩效。

领导力在福利薪酬管理中具有重要影响力。领导力对福利薪酬管理的影响主要体现在领导者的决策、目标设定、执行、监督和调整等方面。领导者的领导力水平和风格会对福利薪酬管理的效果产生积极或消极的影响。

领导力视角下的福利薪酬管理目标主要包括：提供满足员工需求的福利待遇，增加员工的工作动力和满意度；通过个性化和差异化的福利方案设计，提高员工对福利的认同感；通过有效的沟通和传达，帮助员工理解和认同福利方案，并为福利薪酬管理绩效评估提供依据；建立积极、健康的福利文化，形成良好的组织氛围。

7.2.2 领导力在福利方案制定中的作用

领导力对福利方案的影响是多方面的。首先，领导者的战略眼光和决策会影响到福利方案的制定。领导者需要根据组织的战略目标和员工需求，制定合适的福利方案，同时考虑到组织的可承受能力和外部的竞争压力。

其次，领导力在福利目标设定中起到关键作用。领导者需要明确福利目标，如提高员工满意度、增强员工忠诚度等，并通过激励措施和福利待遇来实现这些目标。

最后，领导力在福利方案执行中也扮演着重要角色。领导者需要确保福利方案得到有效执行，通过监督和调整来保证福利方案的有效性和可持续性。

7.2.3 领导力对福利方案设计的影响

领导力在福利方案设计中发挥着框架制定、个性化和差异化设计、监督和调整的作用。

首先，领导力在福利方案设计中起到框架制定的作用。领导者需要根据员工需求、组织资源和战略目标，制定合适的福利框架，包括福利待遇和奖励等内容。

其次，领导力对福利方案的个性化和差异化设计产生影响。领导者需要根据员工的不同需求和价值观，设计个性化和差异化的福利，以满足员工的多样化需求。

最后，领导力在福利方案实施中发挥监督和调整的作用。领导者需要对福利方案的实施进行监督和评估，及时调整福利方案，以确保其有效性和适应性。

7.2.4 领导力对福利方案沟通和传达的影响

领导力在福利方案沟通和传达中具有引导作用、收集反馈、调整和改进的作用。

首先，领导力通过引导作用，帮助组织有效地沟通福利方案。领导者需要明确福利方案的重要性和价值，向员工传达福利方案的目标和内容，并与员工进行积极的互动和沟通。

其次，领导力在福利方案沟通过程中起到收集反馈的作用。

最后，领导者需要根据员工的反馈和意见，及时调整和改进福利方案的传达方式和内容，以提高福利方案沟通的效果和影响力。

7.2.5 领导力对福利方案评估的影响

领导力在福利方案评估中扮演着重要角色，包括在角色和责任的确定、评估指标的影响、改进和创新的作用等方面。

首先，领导力在福利方案评估中扮演着角色和责任。领导者需要对福利方案进行评估，并承担相应的角色和责任，如制定改进措施和目标，提供资源和支持等。

其次，领导力对福利方案评估指标产生影响。领导者需要确定合适的福利方案评估指标，以评估福利方案的效果和贡献。这些指标可以包括员工满意度、离职率、绩效表现等。

最后，领导力在福利方案评估中发挥改进和创新的作用。领导者需要通过改进和创新福利方案管理措施，完善福利方案，进一步满足员工需求，并促进组织的发展和变革。

7.2.6 领导力对福利管理文化建设的影响

领导力在福利管理文化建设中具有示范作用、塑造价值观和行为规范、持续推动的作用。

首先，领导力通过示范作用，带领组织构建积极、健康的福利管理文化。领导者需要以身作则，展示良好的福利管理实践，激励员工参与和支持福利管理的发展和改进。

其次，领导力对福利管理的价值观和行为规范的塑造产生影响。领导者需要明确和传达福利管理的价值观和行为规范，如公平、透明等，以形成组织共识和共同价值观。

最后，领导力在福利文化建设中的持续推动作用。领导者需要持续推动福利管理文化的建设，不断完善福利管理制度和流程，增强员工对福利管理的认识和理解，形成健康、积极的福利管理氛围。

7.3 制定年度福利计划的领导力策略

在深入理解了领导力视角下的福利管理体系后，我们将讨论如何制定年度福利计划的领导力策略。

在现代企业中，员工年度福利计划被视为吸引和留住人才的关键因素。一个完善的年度福利计划不仅可以提高员工的满意度和忠诚度，还能增强员工的工作动力，提高生产力和效益。

7.3.1 确定年度福利计划目标

在制定年度福利计划的领导力策略中，首先需要明确年度福利计划的目标，包括长期目标和短期目标。长期目标通常与公司战略和文化相一致，例如提高员工满意度、增强员工保留率和吸引优秀人才等。短期目标则更加具体和可量化，如提供更具竞争力的福利方案、满足员工需求并提高年度福利使用率等。此外，还需要定义年度福利计划的关键绩效指标，以便后续对年度福利计划的效果进行评估。

7.3.2 分析员工需求

为了制定适应员工需求的年度福利计划，领导者需要进行调查，了解员工对年度福利的需求和期望。通过问卷调查或个别面谈等方式，领导者可以了解员工对不同年度福利项目的关注度和重要性。同时，分析员工年度福利使用情况和反馈意见也是十分重要的一步，这可以帮助领导者了解目前年度福利计划的使用情况和不足之处，以及员工对年度福利计划的评价和建议。另外，要考虑员工的不同需求和多样化的年度福利选择，因为不同员工有不同的家庭状况和个人需求。

7.3.3 研究市场以作参考

为了制定具有竞争力的年度福利计划，领导者需要研究市场情况，包括竞争对手的年度福利计划、市场趋势和最佳实践，以及行业标准和相关法规要求。通过调查竞争对手的年度福利计划，领导者可以了解他们所提供的年度福利项目和福利水平，从而与之进行比较和分析，找出自身年度福利计划的优势和改进空间。此外，关注市场趋势和最佳实践可以帮助领导者及时调整年度福利计划，以适应变化的员工需求和市场竞争环境。同时，领导者要遵守行业标准和相关法规要求，确保年度福利计划的合规性和可持续性。

7.3.4 制定年度福利计划

在制定年度福利计划的过程中，领导者需要确定年度福利项目和年度福利水平，根据企业的财务状况和员工需求进行权衡和平衡。年度福利项目可以包括礼品、年终奖、员工旅游、退休计划等，而年度福利水平则决定了企业愿意投入的资源和年度福利的具体价值。同时，还需要设定年度福利计划的具体内容和实施方式，确定年度福利计划的覆盖范围、参与条件和申请流程等。此外，为了合理分配资源，还需要编制年度福利预算和资源分配计划，确保年度福利计划的可持续性和有效性。

1. 年度福利计划编制流程的目的

年度福利计划编制流程的目的在于确保企业能够制定出符合战略目标、满足员工需求且可行的年度福利计划。这个流程涵盖了从准备工作到实施和评估的全过程，为企业提供了一套系统化的方法来管理年度福利计划。

2. 年度福利计划编制的准备工作

a. 对当前年度福利体系的评估

在制定年度福利计划之前，领导者应该对当前的年度福利体系进行评估。这包括对年度福利项目的内容、覆盖范围以及员工使用情况的分析，以便明确现有年度福利的优势和不足。

b. 了解员工的年度福利需求

领导者需要了解员工对年度福利的需求和期望，这些可以通过员工调查、面谈等方式进行了解。这样有助于确保年度福利计划能够真正满足员工的需求，并提高员工对年度福利计划的接受度。

c. 收集和分析市场福利趋势

企业还需要关注市场上的福利趋势和竞争对手的年度福利计划。了解行业内的最新动态和其他企业的做法，可以帮助企业在制定年度福利计划时保持竞争力，并更好地满足员工的期望。

3. 设定年度福利计划的目标

a. 根据企业的战略目标设定福利目标

年度福利计划应该与企业的战略目标相一致。领导者需要明确年度福利计划所要达到的目标，例如提高员工满意度、增强员工年度福利保障等，以确保年度福利计划能够对企业发展产生积极影响。

b. 明确年度福利目标对员工的影响

领导者制定年度福利计划不仅要考虑企业的利益，还要关注员工的需求和利益。领导者需要明确年度福利计划对员工的影响，例如提供更好的保险福利、提高薪资待遇、增加团队活动等，以增强员工的工作动力和满意度。

c. 编制年度福利计划草案

根据前期的准备工作和设定的目标，领导者需要具体制定每项年度福利计划的内容。这包括年度福利项目、覆盖范围、条件要求等，确保年度福利计划符合员工需求和企业可行性。制定年度福利计划还需要进行经费预算，确定可用于年度福利的经费。领导者需要平衡年度福利项目的数量和质量，确保年度福利计划的经济性和可持续性。领导者需要制定年度福利计划的实施时间表，确保计划的顺利开展。时间表应该包括各项年度福利的实施时间、员工申请和享受年度福利的时间等，以便员工能够提前做好准备和规划。

4. 年度福利计划的审核与修订

a. 内部审核

在正式实施前，领导者需要进行内部审核，确保年度福利计划的合理性和可行性。内部审核可以由人力资源部门或相关部门负责，通过评估年度福利计划的各项指标和效果，以及与企业战略目标的一致性，来确定是否需要进行修订。

b. 征求员工的反馈和建议

领导者还应该征求员工的意见和建议，了解他们对年度福利计划的看法和需求。领导者可以通过员工调查、座谈会等方式收集反馈意见，以便更好地修订年度福利计划，提高员工对年度福利计划的满意度和认可度。

c. 根据反馈意见进行修订

领导者需要根据内部审核和员工反馈，对年度福利计划进行修订。修订内容可以包括年度福利项目的调整、经费的重新分配等，以确保年度福利计划更符合员工的需求和企业的经营目标。

5. 年度福利计划的实施

a. 制定年度福利计划的实施细则

在实施年度福利计划前，领导者需要制定详细的实施细则，明确年度福利的申请流程、使用条件等。这有助于员工了解年度福利计划的具体内容和权益，确保年度福利的公平性和透明度。

b. 宣传和推广年度福利计划

领导者需要通过内部宣传和推广活动，向员工宣传年度福利计划的内容和好处。这可以通过员工会议、内部通知、员工手册等方式进行，以提高员工对年度福利计划的知晓度和参与度。

c. 监控年度福利计划的实施效果

领导者需要定期监控年度福利计划的实施效果，包括员工的满意度、年度福利使用情况等。这可以通过员工调查、数据统计等方式进行,以便及时发现问题并进行调整和改进。

6. 年度福利计划的评估与调整

a. 定期对年度福利计划的实施情况进行评估

领导者需要定期评估年度福利计划的实施情况，了解年度福利计划是否达到预期目标，是否满足员工的需求，以及是否与企业战略目标相一致。评估结果将为后续对于年度福利计划的调整提供依据。

b. 根据评估结果进行调整

根据评估结果，领导者需要对年度福利计划进行调整。调整内容可以包括年度福利项目的增减、年度福利资金的调整等，以提高年度福利计划的效果和可持续性。

c. 为下一年度的福利计划编制提供依据

评估结果还可以为下一年度的福利计划编制提供依据。

领导者可以根据评估结果，更好地了解员工需求和年度福利计划的改进方向,以便来年制定更符合员工期望的福利计划。

d. 对未来福利计划编制的展望

未来，随着社会和员工需求的变化，年度福利计划的编制将面临更多挑战和机遇。领导者应密切关注市场动态和员工的需求变化，不断改进年度福利计划，以提高员工满意度和企业竞争力。 通过以上流程，领导者可以制定出合适的年度福利计划，提高员工的年度福利保障和满意度，增强企业的吸引力和竞争力。同时，不断评估和调整年度福利计划，也能够使年度福利计划与企业的发展和员工的需求保持一致，为员工提供更好的年度福利。

7.3.5 沟通和推广年度福利计划

制定年度福利计划后，领导者需要制定沟通策略和计划，以确保员工对年度福利计划的理解和参与。首先，需要向员工解释年度福利计划的目的和好处，让员工明白公司是通过提供年度福利来关心员工的健康和福祉。其次，要针对不同员工群体制定相应的沟通方式和渠道。最后，要促进员工参与和使用年度福利计划，例如开展培训和宣传活动，提供便利的申请和查询渠道等。

7.3.6 监督和评估年度福利计划

制定年度福利计划后，领导者需要建立监控机制，跟踪年度福利计划的执行情况，并收集员工的反馈和意见。通过监督年度福利计划的执行情况，可以及时发现问题并进行调整和改进。同时，收集员工的反馈意见和建议也是非常重要的，这可以帮助企业了解员工对年度福利计划的满意度和期望，以及发现潜在的改进点。定期评估年度福利计划的效果和成果，可以通过数据分析和员工调查等方式，以便进行定量和定性的评估，为下一年度的福利计划制定提供参考和改进方向。

PART

第八章

年度薪酬预算中的影响因素：领导力

本章将详细阐述领导力在年度薪酬预算过程中的重要影响。首先，我们将从领导力视角出发，探讨年度薪酬预算管理的方法和策略。然后，我们将讨论如何利用领导力进行年度薪酬调整决策，以更好地响应组织和市场的变化。之后，我们将深入探讨年度预算与薪酬计划的领导力策略。最后，我们将探讨领导力对年度薪酬的长期规划，以实现年度薪酬管理的效益最大化。

8.1 领导力视角下的年度薪酬预算管理

此节我们将讨论领导力视角下的年度薪酬预算管理。这将为我们接下来探讨利用领导力进行年度薪酬调整决策提供理论基础。

8.1.1 领导力在年度薪酬预算管理中的作用

1. 领导力对年度薪酬预算管理的影响

领导力在年度薪酬预算管理中发挥重要作用，它能够对员工年度薪酬预算的制定、执行和评估产生影响。领导力的发挥可以提高年度薪酬预算的准确性、公平性和透明度，增强员工对年度薪酬制度的认同感和满意度。

2. 领导力在年度薪酬预算管理中的具体应用

在年度薪酬预算管理中，领导力可以通过以下方式应用：

a. 设定明确的年度薪酬预算目标，激励员工努力实现目标；

b. 引导年度薪酬预算制定流程，确保参与者的有效合作和沟通；

c. 监督和控制年度薪酬预算的执行过程，确保预算的合规性和有效性；

d. 根据年度薪酬预算执行结果进行评估和反馈，及时进行调整和改进。

8.1.2 领导力对年度薪酬预算制定的影响

1. 领导力对年度薪酬预算目标的确定

领导力在年度薪酬预算制定过程中可以帮助领导者确定明确的目标。领导者通过了解组织的战略方向和业务需求，能够设定合理的年度薪酬预算目标，使其与组织整体目标保持一致。

2. 领导力对年度薪酬预算制定流程的引导

领导力可以引导年度薪酬预算制定流程，确保参与者的有效合作和沟通。领导者可以组织相关部门和团队进行讨论和决策，协调各方利益，促进共识的达成，并确保制定流程的透明和公正。

3. 领导力对年度薪酬预算制定结果的评估和调整

领导力在年度薪酬预算制定结果的评估和调整中起着重要作用。领导者能够根据实际情况对年度薪酬预算进行评估，及时调整预算目标和分配方案，以适应组织变化和员工需求的变化。

8.1.3 领导力对年度薪酬预算执行的影响

1. 领导力对年度薪酬预算执行的激励作用

领导力在年度薪酬预算执行中可以发挥激励作用。领导者通过设定激励机制和奖惩措施，激发员工的积极性和工作动力，促进年度薪酬预算的有效执行。

2. 领导力对年度薪酬预算执行的监督和控制

领导力在年度薪酬预算执行过程中起着监督和控制的作用。领导者能够对年度薪酬预算的执行情况进行监督和检查，确保执行过程的合规性和公正性，防止薪酬资源的浪费和滥用。

3. 领导力对年度薪酬预算执行结果的评估和反馈

领导力能够对薪酬预算执行结果进行评估和反馈，以便为下一年的薪酬预算提供依据。

8.1.4 领导者面对的年度薪酬预算管理的挑战和应对策略

1. 领导者在年度薪酬预算管理中可能面临的挑战

领导者在年度薪酬预算管理中可能面临的挑战包括员工期望、组织与员工的利益平衡、年度薪酬变革等。领导者需要面对并解决这些挑战，确保年度薪酬预算管理的顺利实施。

2. 领导者应对年度薪酬预算管理挑战的策略

领导者应对年度薪酬预算管理挑战的策略包括建立有效的沟通机制、制定明确的目标和策略、培养团队合作精神、关注员工需求和激励等。

3. 领导者在年度薪酬预算管理中的发展方向

领导者在年度薪酬预算管理中的发展方向包括注重员工参与和满意度、加强数据分析和决策支持、培养有领导力的人才、创新激励方式等。

8.1.5 领导力视角下的年度薪酬预算管理的实践案例

1. 领导力在的年度薪酬制定中的成功案例

某企业在年度薪酬预算管理过程中，领导者注重员工参与，通过团队讨论和决策，制定了具有公平性、激励性的年度薪酬预算目标。同时，领导者设立了奖励机制，激发员工的工作动力，提高了年度薪酬预算的制定效果。

2. 领导力在年度薪酬预算执行中的成功案例

某组织的领导者通过激励机制和奖励措施，成功地激发了员工的工作动力，提高了年度薪酬预算的执行效果。同时，领导者对年度薪酬预算执行结果进行了及时的评估和反馈，帮助员工改进绩效，实现了年度薪酬预算目标。

3. 从领导力视角出发的年度薪酬预算管理的启示

从领导力视角出发，年度薪酬预算管理需要注重领导者的能力和作用。领导者要设定明确的目标，引导制定流程，监督和控制执行过程，并及时评估和反馈执行结果，以推动年度薪酬预算管理的顺利实施。

8.2 利用领导力进行年度薪酬调整决策

在了解了领导力视角下的年度薪酬预算管理后，我们将探讨如何利用领导力进行年度薪酬调整决策。这将为我们后续探讨在年度预算与薪酬计划的领导力策略提供重要的理论支持。

8.2.1 年度薪酬调整决策的重要性

1. 年度薪酬调整决策的定义和影响

年度薪酬调整决策是指组织对员工年度薪酬进行调整的决策过程。年度薪酬调整决策的影响十分重大，它直接关系到组织和员工的利益。合理的年度薪酬调整决策可以提高员工的工作动力和满意度，进而提升组织的绩效和竞争力。

2. 年度薪酬调整决策对员工的激励作用

年度薪酬调整决策对员工的激励作用不可忽视。当员工感受到公平和合理的年度薪酬调整时，他们会更加努力地工作，为组织创造更大的价值。此外，年度薪酬调整也可以激发员工的积极性和创造力，促进其个人发展和职业成长。

3. 年度薪酬调整决策对组织绩效的影响

年度薪酬调整决策对组织绩效有着直接的影响。当组织能够根据员工表现和贡献进行公正的年度薪酬调整时，员工会感到被认可和重视，从而更加投入地工作。这样的调整能够提高员工的工作满意度和工作质量，进而提升组织的绩效和竞争力。

8.2.2 领导力在年度薪酬调整决策中的作用

1. 领导力在年度薪酬调整决策中的角色和重要性

领导力在年度薪酬调整决策中扮演着重要的角色。在年度薪酬调整决策中，领导力可以帮助领导者制定合理的年度薪酬调整政策，并确保其公正和透明。

2. 领导力对员工年度薪酬期望的影响

领导力对员工年度薪酬期望有着重要的影响。领导者通过设定明确的目标和激励机制，可以帮助员工树立正确的年度薪酬期望，并为其提供明确的发展路径。同时，领导者还可以引导员工关注自身的绩效和贡献，而不仅仅关注年度薪酬本身。

3. 领导力在年度薪酬调整决策中的决策能力和公平性

领导力在年度薪酬调整决策中需要具备决策能力和公平性。领导者应该能够准确地评估员工的表现和贡献，并根据其价值做出公正的年度薪酬调整决策。同时，领导者还应该平衡组织的利益和员工的权益，确保年度薪酬调整决策的公平性和合理性。

8.2.3 领导力在年度薪酬调整决策中的具体应用

1. 领导力在制定年度薪酬调整方案中的作用

领导力在制定年度薪酬调整方案中起着重要的作用。领导者应该能够根据组织的战略目标和员工的期望，制定符合实际情况的年度薪酬调整方案。同时，领导者还应该全面考虑不同员工的需求和差异，确保年度薪酬调整方案的公平性和合理性。

2. 领导力在年度薪酬调整决策中的沟通和解释能力

领导力在年度薪酬调整决策中需要具备良好的沟通和解释能力。领导者应该能够清晰地将年度薪酬调整方案传达给员工，并解答他们的疑问和关切。同时，领导者还应该处理员工的反馈和需求，及时调整和改进年度薪酬调整方案。

3. 领导力在年度薪酬调整决策中的组织敏感度和透明度

领导力在年度薪酬调整决策中需要具备组织敏感度和透明度。领导者应该敏锐地捕捉组织内部的变化和需求，及时完善年度薪酬调整方案。同时，领导者还应该保持透明的决策过程，让员工了解年度薪酬调整政策的依据和原因，增强组织的信任和凝聚力。

8.2.4 领导力在年度薪酬调整决策中面临的挑战和解决方法

1. 领导力面临的年度薪酬调整决策挑战和难点

领导力在年度薪酬调整决策中面临着一些挑战和难点。例如，不同员工对年度薪酬的期望和需求可能存在差异，领导者需要平衡不同员工之间的利益。另外，年度薪酬调整决策还可能受到组织预算和资源的限制，领导者需要在有限的资源下做出合理的决策。

2. 领导力在年度薪酬调整决策中面临的挑战的解决方法

解决领导力在年度薪酬调整决策中的挑战可以采取以下一些方法。首先，领导者应该建立有效的绩效评估体系，以客观和公正的方式评估员工的表现和贡献。其次，领导者应该注重与员工的沟通和反馈，了解他们的需求和期望，从而更好地制定年度薪酬调整方案。

3. 提升领导力在年度薪酬调整决策中的有效性和可持续性

提升领导力在年度薪酬调整决策中的有效性和可持续性可以从三个方面入手。首先，领导者应该持续提升自己的决策能力和公平意识，保证在复杂和变化的环境中做出合理和公正的年度薪酬调整方案。其次，领导者应该定期对年度薪酬调整政策进行评估和调整，以适应组织和员工的变化需求。最后，领导者应该保持良好的沟通和透明度，增强员工对年度薪酬调整决策的理解和接受度。

8.3 年度预算与薪酬计划的领导力策略

在了解了利用领导力进行年度薪酬调整决策后，此节我们将讨论年度预算与薪酬计划的领导力策略。

8.3.1 领导力在制定与执行年度预算与薪酬计划中的关键作用

领导力在年度预算与薪酬计划的制定和执行中扮演着至关重要的角色。首先，领导者需要确保这些预算和计划的制定过程是公正、透明且合理的。这意味着他们需要建立公平的评估标准，确保所有员工都有平等的机会，并积极倾听员工的反馈和意见。通过这种方式，领导者可以增强员工对企业的信任，并提高员工的满意度。

领导者还需要在制定这些时展现洞察力和决策能力。他们必须平衡有限的资源，确保预算合理分配，并制定薪酬计划，既能满足员工的需求，又能维护组织的财务健康。这需要领导者具备高度的战略思维和判断力。

最重要的是，领导者需要通过持续的沟通来确保预算和计划的透明度和员工的参与感。他们应该定期与员工分享关于预算和计划的信息，解答疑虑，并鼓励员工提出建议。这样的沟通有助于员工了解组织的目标和决策过程，从而更有动力地为实现这些目标而努力。

8.3.2 制定年度预算与薪酬计划过程中遇到的主要挑战

1. 在有限的资源下制定公平、全面的预算与薪酬计划的困难

制定年度预算与薪酬计划的一个主要挑战是在有限的资源下找到平衡。领导者需要分配资源，以满足各个部门的需求，同时确保它们是公平的。这可能涉及做出困难的决策，以平衡资源的分配，确保所有方面都得到合理的关注。

2. 平衡员工需求与组织财务健康

领导者在制定年度预算和薪酬计划时必须平衡员工的

需求与组织的财务健康。员工希望得到有竞争力的薪酬和福利，但领导者需要确保这些计划不会对组织的财务健康造成不良影响。这需要领导者具备财务洞察力，以找到合适的平衡点，既能满足员工，又能确保组织财务健康的可持续性。

3. 确保年度预算与薪酬计划的持续性和可持续性

年度预算与薪酬计划不是一次性的工作，而是需要持续监督和调整的。市场和组织环境不断变化，因此计划也需要不断适应新的情况。领导者需要定期审查这些计划，确保它们仍然适用，必要时适时作出调整以适应变化的环境。这需要领导者具备超前的预见性和灵活的策略调整能力。

8.3.3 领导力的综合应用

1. 领导力在制定和实施年度预算与薪酬计划中的综合应用

领导力的综合应用涵盖了在制定、实施和管理年度预算与薪酬计划中的各个方面。领导者需要不仅在计划制定阶段发挥领导作用，还需要在整个预算和计划周期内保持领导力。

2. 持续沟通、定期审查和策略更新的重要性

通过持续的沟通，领导者可以确保员工了解年度预算与薪酬计划的目标和决策过程。定期的审查和策略更新是适应环境变化的关键。领导者需要保持对市场和组织变化的敏感性，以及灵活地调整预算和计划，以确保组织目标的持续达成。

3. 领导者的灵活性和适应性在应对市场和组织变化中的重要性

领导者的灵活性和适应性是他们在不断变化的市场和组织环境中保持竞争优势的关键。领导者需要具备超前的预见性，以便在市场趋势发生变化时能够迅速调整策略。他们也需要积极学习，并鼓励团队跟随最新的行业趋势。

领导力在年度预算与薪酬计划中扮演着至关重要的角色。它不仅涵盖了预算和计划的制定，还包括了在整个预算和计划周期内的管理和优化。通过领导者的卓越领导力，组织可以更好地实现其长期目标，满足员工的需求，并在竞争激烈的商业环境中取得成功。

8.4 领导力对年度薪酬的长期规划

在了解了年度预算与薪酬计划的领导力策略后，我们将进一步讨论领导力对年度薪酬的长期规划。

8.4.1 领导力对年度薪酬的长期规划

在制定年度薪酬计划时，领导者扮演着至关重要的角色。他们需要考虑当前的财务和人力资源情况，同时将组织的长期愿景和战略目标融入规划中，并为实现这些目标提供支持。这需要考虑薪酬结构、奖励机制和绩效评估，以确保薪酬计划与愿景保持一致，激励员工追求长期目标。

8.4.2. 领导力与年度薪酬计划的战略对齐

领导者在确保年度薪酬计划与组织战略对齐方面有着至关重要的作用。这个过程不仅仅涉及将年度薪酬计划与战略目标协调一致，还需要领导者积极参与制定和调整计划，以确保其适应不断变化的市场和组织需求。以下这六个重要方面，展示了领导者如何实现年度薪酬计划与战略对齐的过程：

1. 明确定义战略目标

首先，领导者需要明确定义组织的战略目标。这包括确定公司的使命、愿景和长期目标。明确的战略目标将有助于为年度薪酬计划制定提供方向，因为它们提供了一个框架，可以确定哪些绩效指标和成就与战略目标一致。

领导者需要与高级管理层密切合作，以确保战略目标得到明确定义和传达给所有利益相关方。例如，如果公司的战略目标是在市场上获得领先地位，领导者将需要考虑如何设计年度薪酬计划，以奖励与市场份额增长相关的人员的绩效。

2. 制定与战略目标一致的年度薪酬策略

一旦战略目标明确，领导者需要制定与战略目标一致的年度薪酬策略。这包括确定薪酬结构、奖励机制和绩效评估方法。薪酬策略应该直接支持战略目标的实现，激励员工朝着这些目标努力。

举例来说，如果组织的战略目标是提高产品质量，领导者可以设计年度薪酬计划，将绩效与产品质量相关联，以鼓励员工不断提高产品标准。

3. 与员工沟通战略目标

领导者需要确保战略目标和年度薪酬策略得到全体员工的理解和认可。这需要积极的沟通，以确保员工明白他们的工作如何与战略目标相关联。

4. 设计有针对性的激励措施

领导者需要设计有针对性的激励措施，以推动员工实现战略目标。这包括奖励和激励机制，如年度奖金、股权计划或晋升机会等。

5. 定期审查和调整

战略目标是一个不断演变的过程，领导者需要定期审查年度薪酬计划的效果，并根据战略目标的变化和市场的发展进行调整。这需要灵活性和反馈机制，以确保年度薪酬计划仍然与战略目标保持一致。

6. 分析实时数据

领导者还需要分析实时数据来监测绩效和年度薪酬计划的效果。这可以帮助他们及时发现问题并采取纠正措施，以确保战略目标的实现不受干扰。

通过这六个关键方面，领导者可以确保年度薪酬计划与组织的战略目标保持一致，激励员工朝着共同的目标努力。这种战略导向的年度薪酬计划有助于组织实现长期成功并保持竞争力。

9 PART

第九章 统计薪酬要素中的领导力技巧

本章将讨论如何以领导力为导向进行有效的薪酬考勤管理。之后，我们将讨论如何利用领导力进行个人所得税计算。

9.1 以领导力为导向的薪酬考勤管理

此节我们将讨论以领导力为导向的薪酬考勤管理。这将为我们后续讨论利用领导力进行个人所得税计算提供理论支持。

9.1.1 领导力对薪酬考勤管理的重要性

领导力对薪酬考勤管理有着深远的影响。一个具有良好领导力的管理层能够建立起明确的目标和期望，提高员工的工作动力和参与度，促进员工的成长。通过有效的领导力，管理层能够更好地管理团队的多样性，处理冲突和问题，并适应变化和创新。

9.1.2 领导力在薪酬考勤管理中的应用

1. 设定明确的目标和期望

领导力在薪酬考勤管理中的应用之一是设定明确的目标和期望。通过设定的明确的目标和期望，员工能够清楚了解自己的工作重点，从而更好地管理自己的时间和资源。领导者应该与员工进行有效的沟通，确保他们理解和接受目标和期望，并提供必要的支持和资源。

2. 促进员工参与和沟通的积极性

领导力还可以促进员工的参与和沟通的积极性。通过开展团队会议、定期一对一沟通和倾听员工的意见和建议，领导者能够建立起良好的沟通渠道，让员工感受到自己的声音被重视。这不仅可以提高员工的工作满意度，还能够更好地了解员工的需求和问题，从而及时做出调整和改进。

3. 激发员工的积极性和动力

领导力在薪酬考勤管理中的应用还包括激发员工的积极性和动力。领导者可以通过激励措施，如奖励制度、晋升机会和培训发展计划，来激发员工的积极性和动力。同时，领导者还应该提供反馈和指导，帮助员工发现自己的成长空间，并提供必要的资源和支持。

9.1.3 领导力在薪酬考勤管理中的挑战

1. 管理团队的多样性

领导力在薪酬考勤管理中面临的挑战之一是管理团队的多样性。不同的员工拥有不同的背景、价值观和工作风格，领导者需要适应和管理这种多样性。这需要领导者具备良好的沟通能力，理解和尊重不同的观点和做法，并能够建立一个互相包容和互相尊重的工作环境。

2. 处理冲突和问题

领导力在薪酬考勤管理中还需要处理冲突和问题。冲突和问题的存在可能对员工的工作积极性和团队合作产生负面影响。领导者需要具备解决问题和调解冲突的能力，通过有效的沟通和协商，化解矛盾，维护团队的和谐和效率。

3. 适应变化和创新

领导力在薪酬考勤管理中还需要适应变化和创新。随着技术和市场的变化，组织需要不断调整和改进薪酬考勤管理的方法和策略。领导者需要具备适应变化的能力，引领组织适应新的环境和需求，并鼓励员工接受和支持变革。

9.1.4 领导力与薪酬考勤管理的案例研究

1. 成功应用领导力的组织案例分析

某公司通过领导力培训和发展计划，提升了管理团队的领导力水平。他们设定了明确的薪酬考勤管理的目标和期望，并通过开展团队会议和个人辅导，促进员工的参与和沟通。同时，他们还建立了激励机制，如奖励制度和晋升机会，激励员工的积极表现和成长。这些措施帮助公司提高了员工的工作满意度和绩效，进而提升了整体的薪酬考勤管理水平。

2. 薪酬考勤管理失败的案例分析

在某组织中，领导者缺乏沟通和激励员工的能力，导致团队的工作效率和员工的工作满意度下降。由于领导者无法有效处理冲突和问题，团队内部存在着紧张和不和谐的氛围。这些问题最终影响了薪酬考勤管理的执行效果，导致员工的绩效和工作动力受到负面影响。

9.2 利用领导力进行个人所得税计算

在深入了解了以领导力为导向的薪酬考勤管理后，我们将讨论如何利用领导力进行个人所得税计算。

9.2.1 理解个人所得税计算

1. 税收概述

个人所得税是国家对公民、居住在本国境内的个人的所得和境外个人来源于本国的所得征收的一种税收。个人所得税的征收对象通常包括薪资、工资、奖金、稿费、特许权使用费、利息、股息、租金等。个人所得税是国家财政的重要来源之一，对个人经济活动进行合理的税收计算是确保税收公平和促进社会经济发展的关键。

2. 个人所得税计算方法

个人所得税计算通常采用累进税率制度，根据个人所得额不同，按照不同的税率来计算应缴纳的个人所得税额。税率通常分为多个等级，随着个人所得额的增加，税率也会逐渐提高。个人所得税计算还涉及税前扣除项和免税额的核定，这些因素会影响最终需要缴纳的个人所得税金额。

3. 税前扣除项和免税额

个人所得税计算中的扣除项和免税额是为了减少个人所

得税负担而设立的。扣除项通常包括子女教育、赡养老人、住房贷款利息、捐赠等支出的扣除；免税额则是指在一定范围内的个人所得额可以免征个人所得税。合理利用扣除项和免税额可以有效降低个人所得税负担。

9.2.2 领导力在个人所得税计算中的作用

1. 领导力对个人所得税计算的重要性

在个人所得税计算中，领导力的重要性体现在如何有效组织和管理财务团队，以达到最优的税收计算结果。

2. 领导力对个人所得税计算的影响

领导力对个人所得税计算有着直接的影响。一个具有领导力的人能够更好地理解个人所得税计算的规则和方法，使个人所得税计算更加准确和高效，领导力还能帮助员工提高个人的财务意识和风险管理能力。

3. 利用领导力提高个人所得税计算的效率

领导力可以帮助组织提高个人所得税计算的效率，合理安排个人所得税计算的程序和流程，从而节省时间和精力。领导力还能促进团队合作和沟通，使个人所得税计算过程更加顺畅和和谐。

9.2.3 领导力在个人所得税计算中的应用

1. 目标设置和规划

领导力在个人所得税计算中的第一个应用是目标设置和

规划。领导应该明确组织的个人所得税的计算目标，并制定相应的规划和策略。领导力技巧可以帮助下属设定具体的目标和时间表，制定可行的个人所得税计算计划。

2. 团队合作和沟通

领导力还可以在个人所得税计算中提倡团队合作和沟通。他们可以与专业人士、会计师、税务顾问等进行合作和交流，共同解决个人所得税计算过程中的问题和挑战。通过团队合作和沟通，组织内部可以获得更多的专业知识和经验，提高个人所得税计算的准确性和可靠性。

3. 管理时间和资源

领导力还可以帮助组织在个人所得税计算中更好地管理时间和资源。他们可以制定时间表和优先级，合理安排个人所得税计算所需的时间和精力。领导力技巧还可以帮助下属有效管理财务资源，根据个人所得税计算的需求和目标合理分配任务。

9.2.4 领导力对个人所得税计算的挑战

1. 压力管理

个人所得税计算过程中可能面临一定的压力，包括时间压力、财务压力和法律法规的压力等。领导力对于个人压力管理的能力非常重要。这时相关人员需要学会如何应对和管理压力，保持良好的心态和情绪，以应对个人所得税计算中的挑战。

2. 对复杂税法的理解和应用

个人所得税计算涉及复杂的税法和法规，这时相关人员需要具备一定的税法知识和理解能力。领导力对于相关人员理解和应用复杂税法的能力有着重要作用。他们应该通过学习和培训来提升自己的税法知识和理解能力，以确保个人所得税计算的准确性和合规性。

3. 对税务法规的变化的适应性

税务法规的变化是个人所得税计算中的一个常见挑战。领导力可以帮助相关人员适应税务法规的变化，并及时调整个人所得税计算的策略和方法。相关人员应该密切关注税务法规的更新和变化，以确保个人所得税计算的合规性和准确性。

9.2.5 个人所得税计算中领导力的培养和发展

1. 领导力培训和教育

在个人所得税计算中，领导力不是与生俱来的能力，而是可以通过学习和实践不断提升和发展的。其中，个人所得税计算培训和教育是非常有效的途径。通过参加专门设计的个人所得税计算培训和教育课程，相关人员可以深入了解个人所得税计算的理论知识，掌握各种实用的个人所得税计算技巧和方法。这样的培训和教育不仅可以帮助相关人员提升在职场中的领导力，更能够让他们在面对复杂的个人所得税问题时，如个人所得税的计算和优化，能够运用所学的理论和技能，提高处理这些问题的效率和准确性。

2. 寻求反馈和进行改进

成功的领导者总是愿意接受他人的反馈，从中发现自己的不足，并积极改进。相关人员在提升个人所得税计算能力的过程中，应该积极向同事、上司、下属、专业人士等寻求他们的反馈。这种反馈可以帮助他们更好地理解自己的风格和影响力，发现并改进在个人所得税计算中可能存在的问题，如在处理个人所得税计算时可能存在的计算错误，或在与团队沟通这些问题时可能存在的沟通障碍等。

3. 与他人合作和学习的机会

个人所得税计算能力的发展需要实践和实际经验的积累，与他人的合作和学习就是一种很好的实践机会。通过与他人共同完成项目，或者通过观察和学习他人的工作方式，个人可以获取宝贵的经验，深入理解这些经验在实际工作中的应用，并不断调整和优化自己的工作风格和方法。例如，在处理个人所得税的计算和优化时，个人可以通过与外部专业财务机构或专业人员合作，了解和学习他们的工作方法和经验，提升自己在这方面的能力和效率。

10 PART

第十章 领导力在工资表编制与薪酬发放中的作用

本章将探讨领导力在工资表编制与薪酬发放过程中的重要影响。首先，我们将详述如何在工资表、工资条编制发放过程中实践领导力，以提高工资表和工资条的准确性和公正性。然后，我们将从领导力的视角，深入解读薪酬发放流程，并讨论人力资源月报在提高工资表、工资条编制效率中的运用以及探讨如何在薪酬发放过程优化中运用领导力，以提高薪酬发放的效率和满意度。

10.1 在工资表、工资条编制中实践领导力

在理解了在数据分析与决策中体现领导力后，我们将研究如何在工资表编制中实践领导力。这将为后续讨论在优化薪酬发放过程中运用领导力提供理论基础。

10.1.1 工资表和工资条的制作

工资管理是企业运营的重要环节。它不仅涉及员工的满意度，也是企业合规经营的关键。接下来我们将详细解释如何编制工资表和发放工资条，帮助您理解并优化这一流程。

在企业运营的过程中，无论是大型公司还是小型公司，都必须确保员工的工资计算和发放准确无误。这不仅是法律规定的要求，也是保障员工权益，维护企业稳定运行的必要环节。因此，对于企业的财务部门来说，理解和掌握工资表的编制和工资条的发放流程就显得尤为重要。那么，什么是工资表和工资条呢？它们之间有何异同？我们如何更好地利用这些工具进行有效的工资管理呢？本文将就这些问题进行深入探讨。

首先，我们需要了解工资表和工资条的基本概念。工资表是企业财务部门根据员工的工作表现和工作时间计算出的员工工资总表。这份表格通常包括全体员工的姓名、职位、

基本工资、津贴、奖金、社保、公积金、税费等各项内容。它是企业内部的一个重要文件，用于全面记录和跟踪员工的工资收入状况。每月或者每个工资发放周期结束后，企业会根据员工的出勤、绩效等情况，对工资表进行更新和调整。

与工资表不同，工资条则是针对每个员工个体的工资明细表，它将员工的工资收入和扣除明细进行详细罗列。工资条包含：员工的职位、级别、工作时长、基本工资、奖金、津贴以及各类扣款（如社保、公积金、个人所得税等）等信息。这样，员工就可以一目了然地了解到自己的收入构成，明白哪部分是固定收入，哪部分是可变收入，以及各类扣款的情况。

在理解了工资表和工资条的基本概念后，我们就可以更深入地探讨它们在企业工资管理中的作用和价值。首先，这两种工具都是进行工资计算和发放的重要依据。在每个工资发放周期，企业的财务部门需要根据工资表中的信息，为每个员工编制一份工资条。员工在收到工资条后，可以清楚地了解到自己的工资构成，如果有疑问或者异议，还可以及时与企业进行沟通和协商。

其次，工资表和工资条也是维护企业和员工权益的重要工具。通过这两种工具，企业可以确保每个员工的工资收入按照合同约定进行支付，从而减少了因工资问题引起的劳动争议。同时，员工也可以通过查看工资条，确认自己的工资收入是否准确无误，以保障自己的合法权益。

然而，尽管工资表和工资条在企业工资管理中起着重要作用，但如何编制或发放，仍然需要企业进行深入研究和掌握。这需要企业不仅熟悉相关的法律法规，了解员工的工作情况和绩效表现，还需要建立起一套有效的工资管理系统和流程。

总的来说，工资表和工资条是企业工资管理的重要工具。通过这两种工具，企业不仅可以确保工资的准确计算和发放，还可以有效地维护企业和员工的权益。因此，无论是企业还是员工，都需要对这两种工具有深入的理解并正确地使用。只有这样，才能更好地推动企业的稳定运营和持续发展。

10.1.2 工资表实例探究

工资表对于企业领导与员工了解工资构成起着不可替代的作用。

以下是一个工资表的示例：

工资表（总览，只有财务部门或者相关负责人可以查看）：

员工编号	员工姓名	基本工资	津贴	奖金	社保扣款	公积金扣款	所得税	实发工资
001	张三	8000 元	500 元	1000 元	800 元	400 元	350 元	7950 元
002	李四	8500 元	600 元	1200 元	850 元	425 元	400 元	8625 元
003	王五	9000 元	700 元	1500 元	900 元	450 元	450 元	9400 元

在这个工资表中，各列的含义如下：

员工编号：这是企业用来区分每个员工的唯一编号。每个员工都有一个独特的编号，以方便管理和追踪。

员工姓名：这是员工的名字，需用全称。

基本工资：这是员工的基础薪酬，通常是根据员工的职位、级别和工作内容设定的。

津贴：这是额外提供给员工的一些特定补助，如交通补助、餐补等。

奖金：这是基于员工的工作表现或企业的业绩表现提供的额外奖励。这可能包括绩效奖金、年终奖金等。

社保扣款：这是企业为员工支付的社会保险费用，包括养老保险、医疗保险、失业保险等，根据各国的法律规定可能会有所不同。

公积金扣款：这是企业为员工缴纳的住房公积金，用于员工购房、租房、装修等与住房相关的费用。

所得税：这是根据员工的收入水平计算出的个人所得税。

实发工资：这是员工实际收到的工资，也就是基本工资加上津贴和奖金，再减去社保扣款、公积金扣款和个人所得税等后的金额。

这个工资表只有财务部门或者相关负责人可以查看，是因为它涉及所有员工的工资信息，属于敏感和保密的信息。只有授权的人员才能查看和处理这些信息，以保护员工的隐私权和个人信息安全。

在企业中，工资表不仅反映员工的收入情况，更是企业人力资源管理的重要工具。因此，工资表的编制流程需要严谨、准确，并涉及多个部门的协同合作。以下，我们将详细探讨工资表的编制与部门协作流程。

1. 计算基本工资、绩效工资和加班工资

这是工资表编制的第一步，也是人力资源部门和财务部门的主要工作内容。基本工资通常由人力资源部门根据员工的职位、级别和工作内容设定。绩效工资和加班工资的计算则需要人力资源部门和各部门主管提供员工的工作量或业务量统计表和实际工作时间，并由财务部门按照公司的相关方案进行计算。此过程中，人力资源部门需要和各部门主管保持紧密沟通，确保相关统计和记录的准确性。

2. 计算津贴

津贴的计算同样涉及人力资源部门和财务部门的协作。津贴包括交通补贴、餐饮补贴等，由人力资源部门根据企业内部规定和员工的实际情况，确定津贴的种类和数额，然后由财务部门进行具体的计算和核算。

3. 计算社保、公积金等扣款项

社保和公积金的计算则是财务部门和人力资源部门的重要职责。财务部门需要按照国家的相关政策，精确地进行社保和公积金的计算，人力资源部门则需要确保每位员工的社保、公积金账户的准确性和有效性。这个环节需要两个部门紧密合作，以确保每位员工的法定权益。

4. 计算应缴税款

这是财务部门的专业工作，需要根据员工的工资收入，按照国家的所得税法规定，计算员工的应缴税额。这个环节的准确性直接影响到企业的合规性和员工的实际收入，因此，财务部门需要有专业的财税知识，并随时关注税法的更新和变化。

5. 生成工资表

最后，财务部门需要将上述所有数据汇总，生成所有员工的工资表。工资表一般包括基本工资、绩效工资、加班工资、津贴、社保、公积金、所得税等，以供员工查阅。

总的来说，编制工资表是一个涉及人力资源部门、财务部门以及各业务部门协作的过程。只有通过各部门的紧密协作和准确的数据提供，才能保证工资表的准确性，保障员工的权益，并提升企业的管理效率。

10.1.3 工资条实例探究

工资条是直接反映员工收入和各类扣款的详细记录，对员工理解自己的收入构成和对企业薪酬政策的理解起着关键作用。

下面是一个工资条：

员工编号	员工姓名	基本工资	津贴	奖金	社保扣款	公积金扣款	所得税	实发工资
001	张三	8000 元	500 元	1000 元	800 元	400 元	350 元	7950 元

工资条包含了员工可以查看的工资明细，这样员工可以了解自己的工资构成，知道自己每月的净收入是多少，并对公司的工资支付制度有一个清晰的认识。同时，工资条也可以让员工了解自己的社保、公积金等扣款情况，以及所缴纳的个人所得税金额。

接下来，我们将详细探讨工资条的制作与各部门的协作流程。

1. 制作工资条

制作工资条的工作主要由财务部门承担，同时也涉及员工所在部门和IT部门的协作。财务部门根据已经编制完成的工资表，为每一位员工分别制作工资条。在制作过程中，工资条需要包含员工编号、所在部门、姓名、基本工资、绩效工资、加班工资、各项津贴、社保扣款、公积金扣款、所得税以及最后的实发工资等信息。员工所在部门需要提前提供员工的相关信息，如工作时间、岗位、绩效等，以确保工资条的准确性。同时，IT部门则需要提供稳定的系统支持，确保数据的安全性和稳定性。

2. 审查工资条

审查工资条主要是财务部门的责任，这是为了确保工资条的准确性和合规性。审查过程中，财务部门需要确认各项数据的准确性以及所有的计算和扣款是否符合企业的薪酬政策和国家的相关法规。此环节的严谨性直接关系到企业的合规性和员工的权益。

3. 发放工资条

工资条的发放是由财务部门和 IT 部门共同完成的任务。财务部门根据工资条制作完成和审查无误后，可以选择纸质或者电子版形式进行发放或以专门的 app 进行发送。这时，IT 部门的角色显得尤为重要，他们需要保证系统的稳定性和安全性，确保员工信息的隐私得到保护。

以一个具体的例子来说，当员工王川的工资条制作完毕后，会包含以下信息：

员工编号：001

所在部门：技术部

员工姓名：王川

基本工资：8000 元

加班工资：500 元

餐补：300 元

社保扣款：800 元

公积金扣款：400 元

所得税：350 元

实发工资：7450 元

最终，工资条如下：

员工编号	所在部门	员工姓名	基本工资	加班工资	餐补	社保扣款	公积金扣款	个人所得税	实发工资
001	技术部	王川	8000 元	500 元	300 元	800 元	400 元	350 元	7450 元

在多部门的共同协作和财务部门的详细计算下，王川的工资条数据清晰、准确。最终，王川通过企业内部的信息系统，安全、便捷地收到了自己的工资条。这就是一个完整的工资条制作与部门协作流程。

10.1.4 优化工资表或工资条制作和人力资源管理的重要策略

在当今日益复杂的企业环境中，工资表或工资条制作和人力资源管理是维护组织稳定性的重要环节。有效的工资表或工资条制作工作流程能够让企业更精确地管理员工薪酬，同时也能提供关于员工表现的重要信息。

首先，员工花名册是制定薪酬的关键。员工花名册能为财务部门提供有效的员工流动信息。此外，考勤表是核算员工出勤天数，确认员工缺勤、加班、值班、事假、带薪假等的重要依据。根据员工的考勤记录，财务部门要依据各项法律要求及规章制度来确定与员工考勤相关的各项工资。

同时，员工的工作量记录表或业务量记录表决定了员工的绩效工资。在编制工资表时，财务部门要与其他部门领导或员工本人进行沟通，确保收集的员工工作量记录表或业务量记录表等准确可靠。

在工资表的编制过程中，首先应按照“先列后行”的顺序填写部门、姓名、岗位等信息，然后填写与薪酬相关的各项内容。完成后，还要进行严格的核对程序，以保证工资表中各项信息的准确性。

总的来说，工资表、工资条制作和人力资源管理是企业运营的基石，也是员工满意度的关键。通过优化工资表、工资条工作流程，企业能更好地调配资源，激励员工，提高工作效率，从而促进企业的稳定发展。

10.1.5 激励员工通过领导力提升工资表、工资条编制效率

1. 工资表、工资条编制的重要性和挑战

在企业管理中，工资表、工资条编制是一项至关重要的任务。正确、准确地编制工资表、工资条不仅体现了对员工工作的公平评价，还直接关系到员工的薪酬福利和企业的稳定发展。然而，工资表、工资条编制面临着一些挑战，如信息收集的复杂性、数据的准确性和完整性等问题。

首先，信息收集比较复杂，特别是在企业规模较大或分布较广的情况下。其次，数据的准确性和完整性也是一个常见的问题，因为可能会出现漏报、错报以及数据录入错误等情况。

2. 领导力在提高工资表、工资条编制效率中的角色

在工资表、工资条编制过程中，领导力发挥着至关重要的作用。领导力不仅能够有效地协调各个部门之间的合作，还能够激励员工的积极性，提高工资表、工资条编制的效率和准确性。

3. 领导力在工资表、工资条编制效率提升中的应用

a. 通过领导力有效地沟通，收集和验证员工的考核结果

领导力在工资表、工资条编制中可以通过有效的沟通来收集和验证员工的考核结果。领导者可以与部门负责人和员工进行沟通，了解员工的工作情况和表现，以便更好地评估员工的绩效和贡献。同时，领导者还可以建立有效的考核体系，确保员工的考核结果准确可靠。

b. 通过领导力激励财务人员提高工资表、工资条编制的效率和准确性

领导力可以通过激励财务人员来提高工资表、工资条编制的效率和准确性。领导者可以设定明确的目标和要求，并提供必要的培训和支持，以帮助财务人员提高工作效率和准确性。同时，领导者还可以通过正面激励和奖励机制，激发财务人员的积极性和工作动力。

c. 领导力在解决工资表、工资条编制过程中问题，如处理薪资变动、调整工资等问题上的重要性

在工资表、工资条编制过程中，领导力在解决问题上也起到重要作用。当出现薪资变动、部门调整等问题时，领导者可以采取积极的沟通和协调措施，解决员工的疑虑和困惑，确保工资表的准确性和公正性。

4. 人力资源月报在提高工资表、工资条编制效率中的作用

人力资源月报是一份人力资源部的工作月报，它是定期的人力资源管理工作总结，可以对历史人力资源管理工作进

行梳理，同时也可以为未来的人力资源管理提供指导。月报中不仅要强调人力资源数据的分析，还要包含人工成本指标分析，这样才能全面反映人力资源的状况。

a. 人力资源月报的基本内容和目标

人力资源月报是一种重要的管理工具，用于监控和改进工资表、工资条的编制过程。它包括员工信息统计、工时统计、薪酬分析等内容，旨在提供有关员工薪酬和绩效的全面数据，以便管理人员进行决策和优化。

b. 通过人力资源月报，监控和改进工资表、工资条的编制过程

通过人力资源月报，管理人员可以及时了解工资表、工资条编制的进展情况，并监控和改进编制过程。通过对人力资源月报数据的分析和比对，可以发现潜在的问题和短板，并及时采取相应的措施进行改进，提高工资表、工资条编制的效率和准确性。

c. 领导力在人力资源月报的编制和分析过程中的重要性

在人力资源月报的编制和分析过程中，领导力发挥着重要作用。优秀的领导者可以确保人力资源月报的准确性和可靠性，指导团队成员进行数据分析和解读，并通过与其他部门的合作，进一步优化和完善人力资源月报的内容和效果。

10.1.6 领导力对财务团队的影响

1. 领导力对团队合作的促进作用

领导力对于财务团队的合作非常重要。领导者的能力可以促进团队成员之间的协作与沟通，激发他们的团队意识和团队合作精神。通过领导者的指导和带领，团队成员可以更好地协同工作，提高财务团队的效率和质量。

2. 领导力对团队效率的提升作用

领导力对团队效率有着显著的提升作用。一个具备领导力的管理团队能够合理分配资源和任务，确保团队成员能够快速、高效地完成各项财务工作。领导者还可以通过鼓励和激励团队成员，提高他们的工作动力和责任感，从而进一步提升团队的工作效率。

3. 领导力对团队凝聚力的影响

领导力对工资表编制团队的凝聚力也有着重要影响。一个具备领导力的管理团队能够建立良好的团队文化和团队精神，使团队成员之间形成紧密的联系和彼此信任。领导者的榜样作用和鼓励支持，可以增强团队的凝聚力，提高团队成员的工作满意度和忠诚度。

10.1.7 领导力在解决工资表、工资条编制问题中的应用

工资表、工资条编制是每个组织必须面对的任务，但其中存在一系列挑战和问题。在当今快速变化的工作环境中，领导力对组织的成功至关重要。领导力不仅有助于建立良好的工作环境，激励员工实现目标，还可以解决一些具有挑战性的问题，如工资表、工资条编制。此节将探讨领导力在解

决工资表、工资条编制问题中的关键角色及其价值，并通过案例研究和持续改进的方法来加深我们对领导力在该领域的理解。

工资表、工资条编制是确保员工获得公平和合理报酬的重要任务。然而，由于员工多样性、复杂的工资结构以及法律法规的变化，工资表、工资条编制工作面临着很多挑战。

工资表、工资条编制过程中可能出现的问题包括：数据提供错误、工资计算错误、迟发工资、工资差异引发的员工不满等主客观问题。这些问题不仅会影响员工的积极性和满意度，还可能引发员工流失和法律纠纷。

优秀的领导者具有明确的愿景和目标，强大的沟通能力，出色的决策能力，并能激发员工潜力。在处理工资表、工资条编制问题时，领导力的运用可以带来显著的价值。

首先，领导者通过设定明确的目标和期望，可以提高工资表、工资条编制的准确性和效率。这种明确的期待提供了一种制导性，帮助员工明确他们在工资表、工资条编制中的责任和要求。其次，领导者可以通过建立有效的沟通渠道，与员工进行及时、清晰的沟通，了解他们对工资表、工资条编制的需求和意见，从而及时解决问题和改进工作流程。

领导者还需要培养团队合作和协作精神。工资表、工资条编制并非个人的任务，而是需要团队的协作和协调，通过团队合作来解决工资表、工资条编制中的问题，提高工作效率和准确性。此外，领导者需要制定明确的薪资方案和工资核算程序，确保工资表、工资条编制的公正性和准确性，避免出现工资计算的差异和错误。

然而，领导力的应用并非一蹴而就，而需要定期监控和评估。领导者应定期监控和评估工资表、工资条编制过程，及时发现问题并采取措施进行改进，以确保工资表、工资条编制的质量和准确性。

总的来说，领导力在解决工资表、工资条编制问题中起着至关重要的作用。只有不断发展和提升领导力，组织才能更好地解决工资表、工资条编制中的问题，提高工作效率和准确性，实现持续改进和成功。

10.2 在优化薪酬发放过程中运用领导力

在这一节，我们将探讨领导力如何为薪酬发放过程提供更加清晰和高效的流程。

10.2.1 领导力在薪酬发放过程中的重要性

在薪酬发放的过程中，领导力扮演着至关重要的角色。以下是领导力在薪酬发放过程中的重要性：

1. 带领团队达成目标

领导力可以帮助领导者迈向团队的明确目标。此外，通过激发员工的积极性和动力，领导者可以帮助团队在薪酬发放方面取得更好的成果。

2. 激励员工提高工作表现

领导者在薪酬发放过程中通过有效的领导力可以激励员工提高工作表现。领导者可以通过正面的激励措施，如奖励和表扬，以及提供发展机会和挑战，来激发员工的积极性和动力，提高他们的工作表现。

3. 建立良好的沟通和协作氛围

领导者在薪酬发放过程中的领导力可以帮助建立良好的沟通和协作氛围。通过与员工进行有效的沟通和倾听，领导者可以更好地了解员工的需求和期望，并与员工进行合作，共同制定适当的薪酬方案。

10.2.2 运用领导力解决薪酬发放中的挑战

在薪酬发放的过程中，领导力可以帮助解决以下挑战：

1. 处理薪酬不公平的问题

领导者应该倡导公平和透明的薪酬发放原则，并确保薪酬制度的公正性。通过与员工进行沟通和解释，领导者可以帮助员工理解薪酬制度的设计和实施，并减少薪酬不公平所带来的不满和冲突。

2. 解决员工绩效评估的主观性

领导者应该确保员工绩效评估的公正性和客观性。通过建立明确的评估标准和流程，并对评估结果进行客观的分析和讨论，领导者可以减少主观因素对薪酬发放的影响，并提高绩效评估的准确性和公正性。

3. 处理员工期望和需求的多样性

领导者应该关注和尊重员工的多样性，包括不同的职业背景、发展需求和家庭状况等。通过与员工进行个别沟通和定期的绩效评估，领导者可以更好地了解员工的期望和需求，并根据实际情况调整薪酬和福利方案。

10.2.3 成功案例分析

以下是两个成功案例，展示了领导力在薪酬发放过程中的应用和优化：

1. 公司 A：积极运用领导力优化薪酬发放过程

公司 A 的领导团队首先制定了明确的薪酬目标和期望，这些目标不仅仅是数字，而是包括期望的工作行为和绩效结果。制定目标后，领导团队并没有就此松懈，而是选择与员工进行了积极的沟通和共享，确保每个员工都理解并接受这些目标和期望。

其次，领导团队还设立了一个有效的反馈和奖励机制。他们及时、公正地给予员工反馈的渠道，通过公开的认可和奖励，激发员工的工作积极性和创新能力。这样不仅可以确保薪酬发放的公正性，也有助于提升员工的满意度和忠诚度。

此外，公司 A 的领导团队非常重视团队的合作和协作。他们鼓励员工相互支持，积极合作，通过团队的力量解决问题。这种领导理念使得公司 A 在薪酬发放过程中实现了有效的优化。

2. 公司 B：领导力引领解决薪酬发放过程中的挑战

公司 B 的领导团队在面对薪酬不公平的问题时，展现了强烈的解决问题的决心和责任感。他们不仅迅速采取措施来纠正问题，还确保了薪酬制度的公正性和透明性，使员工能够感到自己的付出能得到了公平的回报。

为了减少员工绩效评估的主观性，他们引入了多元化的评估方法，并为员工提供了对评估结果反馈的机会。这种开放、透明的沟通机制极大地增加了员工的参与感和满意度。

同时，公司 B 的领导团队深知员工期望和需求的多样性。因此，他们通过个别沟通和定期的绩效评估，以满足员工的个性化需求。他们让员工感到自己的意见和建议被重视，从而进一步提升了员工的工作满意度和忠诚度。

10.2.4 领导力在薪酬发放过程中的实施策略

为了有效应用领导力优化薪酬发放过程，以下是一些具体的实施策略：

1. 培养和发展领导力

首先，领导者需要强化自己的领导力，这包括沟通、激励、团队管理等方面。良好的沟通能力可以帮助领导者更好地向员工传达目标和期望，而有效的激励和团队管理技能则能让员工更加积极主动地投入工作。领导者可以通过参加专门的培训课程、阅读相关的书籍和文章，甚至是在日常工作中通过实践来提升这些技能和能力。

2.建立有效的沟通和反馈机制

在这方面，领导者需要制定一套全面的沟通和反馈机制，包括定期的员工会议、与员工面谈、绩效评估等，确保员工的声音能被听到，并及时得到响应。这不仅能让员工感到被尊重和重视，同时也可以为领导者提供更多的关于员工需求和期望的信息，从而制定出更符合员工需求的薪酬发放政策。

3.设立明确的目标和激励机制

领导者需要设立明确、具体的薪酬目标，并制定一套有效的激励机制。这些目标和激励机制需要和员工进行详细的讨论，确保每个员工都了解并接受这些目标，明白自己的工作职责和期望，知道如何通过努力可以得到更好的薪酬回报。

4.建立多元化的薪酬和福利方案

领导者需要认识到，员工的需求和期望是多元化的，不同的员工可能需要不同的薪酬和福利。因此，领导者需要设计一套多元化的薪酬和福利方案，包括基本工资、奖金、福利、股票选项等多种形式，以满足员工的不同需求。同时，领导者还需要定期审查和调整这些方案，确保其一直能满足员工的需求。

11 PART

第十一章

领导力在薪酬调查中的应用

本章将为读者提供领导力在薪酬调查中的实用技巧和策略。在本章中，我们将深入探讨领导力在薪酬调查过程中的重要作用。我们将探讨从领导力视角解读薪酬满意度调查。我们还将讨论如何利用领导力来解读薪酬调查结果，并揭示领导力在薪酬市场趋势解读中的角色。最后，将讨论在薪酬数据应用和反馈中运用领导力。

11.1 薪酬满意度调查的领导力视角

此节我们将讨论薪酬满意度调查的领导力视角。这将为我们接下来探讨利用领导力解读薪酬调查结果提供理论基础。

11.1.1 领导力在薪酬满意度调查中的作用

领导力在薪酬满意度调查中起着关键的作用。通过调查员工对领导力的感受和评价，可以了解领导力对薪酬满意度的影响程度，进而制定相应的领导力发展和改进计划。

11.1.2 领导风格与薪酬调查满意度

1. 任务导向型领导风格

任务导向型领导关注完成任务的目标和绩效，能够激发员工的工作动力和积极性。这种领导风格与薪酬满意度正相关，因为员工认为他们的工作表现会得到公正的奖励。

2. 关系导向型领导风格

关系导向型领导注重员工的个人需求和发展，能够建立良好的人际关系。这种领导风格与薪酬满意度也存在一定的正相关性，因为员工感受到领导的关心和支持，觉得薪酬体系更加公平。

3. 变革型领导风格

变革型领导能够激发员工的创新和变革意识，推动组织进步和发展。这种领导风格与薪酬调查满意度的关系较为复杂，因为变革过程中薪酬调查可能会发生调整，需要领导与员工进行有效的沟通和解释。

11.1.3 领导发展与薪酬调查满意度

1. 领导力培训与发展

领导者通过接受领导力培训和发展，可以提升自己的领导能力和技巧，更好地引导员工配合薪酬调查。优秀的领导者能够增加员工对薪酬的满意度。

2. 领导力评估与反馈

领导者可以通过领导力评估和反馈机制了解自己的领导风格和行为对员工的影响。及时的反馈能够帮助领导者改进自己的领导方式，提高薪酬调查满意度。

3. 领导力绩效考核与激励

领导者的绩效考核和激励机制对薪酬调查满意度有重要影响。公正和有效的绩效考核能够增加员工对薪酬调查的认可和满意度。

11.1.4 领导力的局限性与薪酬调查满意度

1. 文化差异和领导力

领导力的适应性受到文化差异的影响。在不同的文化背景下，领导者的行为和风格可能会产生不同的效果，从而影响薪酬调查满意度。

2. 组织结构和领导力

组织结构对领导力的发挥有一定的限制。如果组织结构僵化、层级过多，领导者可能无法有效地发挥影响力，从而影响薪酬调查满意度。

3. 领导力与员工个体差异的关系

不同员工的个体差异也会对领导力产生影响。一些员工可能对任务导向型领导更为接受，一些员工可能更需要关系导向型领导，还有一些员工可能更喜欢变革型领导。因此，领导者需要灵活运用不同的领导风格，以满足员工的个体差异，提高薪酬调查满意度。

11.1.5 领导力在薪酬调查中的作用

领导力在薪酬调查中起着重要的作用，它可以影响薪酬调查的结果。领导力的风格和方式会影响员工对薪酬调查的认知和满意度以及对薪酬调查的反馈积极性。

此外，领导者能够通过自己的行为和决策来影响员工对薪酬的认知和态度。

总之，领导力与薪酬调查结果存在一定的关联性。领导者的行为和决策会对员工的薪酬认知和满意度产生影响，进而影响薪酬调查的结果。因此，通过对领导力的解读，可以更好地理解和解释薪酬调查结果。

11.2 如何利用领导力解读薪酬调查结果

在了解了薪酬满意度调查的领导力视角后，我们将探讨如何利用领导力进行薪酬调查结果解读。

11.2.1 薪酬调查结果分析

1. 分析薪酬调查数据

在解读薪酬调查结果之前，首先需要对薪酬调查数据进行全面的分析。这包括对薪酬水平、薪酬差距、薪酬结构等方面进行详细的统计和比较，以获取全面的了解。

2. 确定薪酬调查结果的关键指标

在薪酬调查结果中，某些指标可能具有更重要的意义和影响力。通过分析数据，确定关键指标可以帮助我们更好地理解和解读薪酬调查结果。

3. 识别薪酬调查结果中的问题和趋势

通过对薪酬调查结果的分析，我们可以识别出其中存在的问题和趋势。这些问题可能涉及薪酬不公平、薪酬差距过大或者薪酬结构不合理等方面。了解这些问题和趋势可以帮助我们更好地解读调查结果。

11.2.2 领导力对薪酬调查结果的解读角度

领导力对薪酬调查结果的解读具有重要意义。他们可以通过对薪酬调查结果中不同群体的薪酬差异和特点进行合理的指导和帮助。

1. 利用领导力解读高薪酬员工群体的特点

通过对领导力的解读，可以更好地理解高薪酬员工群体的特点。高薪酬员工往往具有较高的能力和才华，适时的奖励和激励可以帮助他们更好地在组织中发挥作用，从而获得更高的薪酬回报。

2. 利用领导力解读低薪酬员工群体的特点

同样地，通过对领导力的解读，可以更好地理解低薪酬员工群体的特点。低薪酬员工往往面临着较大的工作压力和挑战，适时的鼓励和指导可以帮助他们更好地应对困难和提升工作绩效。

11.2.3 领导力在薪酬调查结果改善中的作用

1. 领导力对薪酬调查结果改善的重要性

领导力对于薪酬调查结果的改善具有重要意义。领导者的行为和决策可以影响员工对薪酬的认知和满意度，从而通过改善领导力来改善薪酬调查结果。

2. 利用领导力激励员工提高绩效

领导力可以通过薪酬调查结果激励员工提高绩效。领导者通过发挥领导力的作用，可以激发员工的动力和积极性，提高他们的工作表现和绩效。

3. 分析薪酬调查的实践案例

通过分析薪酬调查的实践案例，可以更好地理解领导力在薪酬调查结果改善中的作用。这些案例可以为组织提供借鉴和参考，帮助他们更好地应对薪酬调查结果中的问题和挑战。

11.3 领导力在薪酬市场趋势解读中的角色

在了解了如何利用领导力解读薪酬调查结果后，此节我们将讨论领导力在薪酬市场趋势解读中的角色。

11.3.1 市场趋势的重要性与领导力

市场趋势是组织在制定薪酬决策时必须考虑的重要因素。了解并正确解读市场趋势，可以帮助组织制定出更具竞争力的薪酬策略，以吸引和保留人才。在这个过程中，领导力扮演着至关重要的角色。优秀的领导者能够洞悉市场动向，灵活调整策略，确保组织的长期稳定发展。

领导力在市场趋势解读中的作用是多方面的。他们需将市场趋势的解读转化为具体可行的策略，并激励团队将这些策略落到实处。有效的领导力能确保组织在不断变化的市场环境中保持竞争力，赢得人才竞争，从而推动组织的持续成功。

11.3.2 领导力与市场薪酬趋势分析

市场薪酬趋势分析是一门科学，需要使用一系列的方法和工具。这包括对外部市场薪酬数据的收集和分析，以及对内部薪酬结构的审查。领导者需要深入了解这些工具和方法，将分析结果应用于薪酬策略的制定和执行中，以达到组织的战略目标。

领导者在这一过程中的作用不仅仅是指导和推动。他们还需要综合运用自己的经验和见识，创造性地解决分析过程中出现的各种问题。他们应当能够确保团队理解并适应市场趋势，制定出符合组织长远发展目标的薪酬策略。

11.3.3 策略制定与执行中的市场趋势因素

基于市场趋势制定的薪酬策略，需要经过周密的考虑和进行精确地执行。领导者必须确保薪酬策略与组织的战略目标一致，同时兼顾员工的期望和需求。领导者在策略制定与执行过程中承担着重大的责任，他们需确保策略的有效性，调动团队的积极性，实现组织的战略目标。

在实施薪酬策略的过程中，领导者还需要不断监控市场动态，及时调整策略，确保组织的薪酬体系保持竞争力。这需要领导者具备前瞻性和灵活性，以适应市场的快速变化和不断升级的员工需求。

11.3.4 案例研究：领导力与市场趋势

某知名科技公司以其卓越的领导力在市场趋势分析与薪酬策略制定方面获得了极高的声誉。这家公司的领导团队不仅关注市场数据，还深入探究数据背后的含义，以此制定出既符合市场趋势又能满足员工需求的薪酬策略。

具体步骤如下：

收集与分析市场数据：领导团队首先进行了市场数据的全面收集和分析，包括竞争对手的薪酬信息、行业薪酬标准以及员工的期望值等。团队成员分析这些数据，识别市场趋势和可能的薪酬差距。

制定策略：基于深入的市场分析，领导团队开始制定符合公司战略目标的薪酬策略。此策略综合考虑了员工的需求和市场实际情况，旨在提供具有竞争力的薪酬，以吸引和保留顶尖人才。

员工沟通与反馈：在策略制定完成后，领导团队与员工进行了充分的沟通。他们详细解释了新的薪酬策略，并收集了员工的反馈和建议，以确保策略能够更好地满足员工的期望和需求。

策略实施与评估：领导团队按照既定的策略实施薪酬调整，并持续监测其效果。他们对策略的执行进行了定期评估，以确保其符合组织的目标和员工的期望。

通过这一系列的具体步骤，该公司不仅提高了员工的满意度和忠诚度，还提升了其在人才市场中的竞争地位。这个案例清晰地展示了如何通过领导力来准确解读市场趋势，并将这些解读应用于薪酬策略的制定与实施中，从而推动组织实现其长远的成功。

随着市场环境的不断变化和员工需求的升级，市场趋势和薪酬策略也将不断发展和变革。未来，领导应更加重视市场趋势的分析和应用，不断完善和优化薪酬策略，以满足不断变化的市场和员工需求。领导者的创新思维和战略眼光将成为推动组织薪酬管理进步和发展的关键因素。

11.4 在薪酬数据应用和反馈中运用领导力

在了解了领导力在薪酬市场趋势解读中的角色后，此节我们将讨论在薪酬数据应用和反馈中运用领导力。

11.4.1 薪酬数据的重要性

在现代组织管理中，数据已成为决策制定的关键要素。数据揭示了员工的工作绩效、满意度、需求与市场趋势等多个方面的信息，为组织提供了富有洞察力的视角。在薪酬管理中，准确、全面的数据不仅可以帮助领导者制定更为公正、公平的薪酬策略，还可以优化组织的人力资源配置，提升组织的竞争力。通过数据，领导者可以更加精准地洞察市场动态、员工需求，从而更好地满足员工与组织的需求，实现双赢。

数据驱动的决策制定意味着组织的策略、计划和行动都是基于数据分析和洞察来制定的。在薪酬管理中，数据驱动的决策制定使得组织能够更为准确地了解市场薪酬水平、员工满意度和绩效表现，进而制定更为合理、竞争性的薪酬策略。通过深入挖掘和分析数据，领导者可以明确组织的优势与劣势，更为明智地制定出符合组织目标和员工期望的薪酬策略，促进组织的长远发展。

11.4.2 数据收集与分析中的领导力因素

数据收集是数据分析的前提，一个有效的数据收集方法是确保数据质量和准确性的关键。在薪酬管理中，领导者需要运用领导力，确保数据收集的全面性和准确性，避免偏差和误差。采用适合的工具和技术来获取多维度的数据，如市场调查、员工满意度调查、绩效评估等，可以全面了解市场的薪酬水平和员工的实际需求。通过构建完整的数据框架，领导者可以更全面、深入地理解组织内外的薪酬情况，制定更具针对性和实效性的薪酬策略。

在薪酬管理的实施过程中，领导者需要掌握数据分析的基础技巧和工具，以确保数据的可靠性和有效性。应用统计学原理、数据挖掘和预测模型等方法，可以帮助领导者发现潜在的趋势、模式和关系，进而提出具有前瞻性的薪酬策略。使用如 Excel、SPSS 等工具，可以更为方便、快捷地处理和分析数据。深入的数据分析可以为领导者提供更加清晰、具体的决策依据，帮助他们更为明智、全面地制定薪酬策略。

领导力在数据驱动的策略制定中体现得尤为重要。领导者需要综合分析多方数据，洞察组织内外的变化趋势，基于数据分析制定实际可行的薪酬策略。数据的合理应用能够帮助领导者更加准确地设定组织目标，形成与市场趋势和员工需求相匹配的薪酬政策。这不仅能够提升员工的工作满意度和忠诚度，也能增强组织的市场竞争力。此外，领导者还需不断优化策略，调整组织目标，确保组织的持续、稳定发展。

11.4.3 基于数据分析的薪酬策略的制定与实施

制定薪酬策略是一个需要综合考虑多方因素的过程，而数据提供了客观的依据，帮助领导者更加客观、全面地看待问题。基于数据的薪酬策略制定需要领导者具备出色的分析能力和洞察力，以便准确把握市场趋势，洞悉员工需求。具备这些能力的领导者能够制定出更为科学、合理的薪酬策略，更好地激励员工，推动组织的成功。

策略的执行和监控是确保薪酬策略效果的关键环节。在这一阶段，领导者需展现出坚定的决心和优秀的执行力。他们需要保持与员工的沟通，收集更多的数据，及时调整策略。同时，领导者还需要监控市场趋势，实时更新数据，调整薪酬策略，确保策略的实施效果符合预期目标。这一阶段的领导力主要体现在通过数据分析和洞察市场趋势解决实施中遇到的问题，以及确保策略的持续改进和优化。

在薪酬管理中，建立有效的数据分析机制和进行薪酬数据管理并进行持续改进是至关重要的。领导者应该鼓励员工提供反馈，积极听取他们的意见和建议，及时调整薪酬策略以满足员工需求。持续的改进意味着组织需要不断学习、适应市场变化，优化薪酬体系。在这一过程中，领导者的开放性、灵活性和学习能力将成为推动组织持续改进和发展的重要动力。